Ⓢ新潮新書

川島幸希
KAWASHIMA Koki

国語教科書の闇

534

新潮社

国語教科書の闇——目次

はじめに

どんなに若者の読書離れが進んでも、芥川龍之介の「羅生門」と夏目漱石の「こころ」を全く読んだことがない人は少ない。日本中どこに住んでいる人に聞いても、この二つの小説の知名度は群を抜いている。しかし、それは決して芥川と漱石が別格の文豪だからではない。

以前、ある大学の近代文学専攻の学生による勉強会に、講師として招かれたことがあった。読書量をはかりかねたので、試みに質問してみると、十二人の学生全員が「羅生門」と「こころ」は読んだことがあるという。だが、芥川の「地獄変」を読んだ者は二人、「河童」は一人、漱石の「三四郎」を読んだ者は一人、「明暗」はゼロだった。

彼らの名誉のために言うと、どこの大学の国文科でも現状は似たようなもので、そんなことは驚くに値しない「常識」だと某名門大学の教授が教えてくれた。では、なぜ

「羅生門」と「こころ」だけは読まれているのか。理由はただ一つ。高校の国語の教科書（文部科学省検定済教科書のこと。以下同じ）に載っているからだ。

現在、高校一年生の必修科目「国語総合」の教科書（九社が発行、古典編は除く）には、すべて「羅生門」が掲載されている。多くの出版社は、レベルを分けて二種類の「国語総合」の教科書を出しているが、例外は一冊もない。だから偏差値にかかわらず、全日制・定時制、通学制・通信制、普通科・商業科など、いかなるカテゴリーに属する高校生も必ず「羅生門」の入った教科書を手にしているわけだ（私立の中には、教科によって独自の教材を使用する高校もあるが、その場合でも原則的に教科書も買わせている。また国語は大多数の私立で教科書を使っている）。

次に「こころ」は、高校二・三年生用の「現代文」の教科書の大半に出てくる。こちらは抜粋ではあるけれども、一部分でも読んでいることに変わりはないし、夏休みの宿題に全文を読むことを課す高校もたくさんある。新潮文庫の「累計発行部数トップテン」（二〇一一年八月）の第一位は「こころ」だが、「宿題」がそれに貢献しているのは確かであろう。ちなみに、大学入試の面接試験で「高校時代に読んで最も感銘を受けた本はなにか」と聞くと、「こころ」がよく出てくる。教科書で読んだ作品を答えるのはいかがなものかとも思うが、案外文庫本でも読んでいるのかもしれない。

「羅生門」と「こころ」は、教科書の世界で「定番小説」（あるいは「定番教材」）と称され、近年は学習指導要領の改訂により新課程となっても、常に各出版社の教科書に採録されてきた。同じように、ある学年で使用する、ほぼすべての教科書に登場するのが森鷗外の「舞姫」と中島敦の「山月記」で、これらは「定番小説四天王」と呼ぶことができる。それ以外にも、志賀直哉の「城の崎にて」、太宰治の「富嶽百景」など、教科書という限られたスペースの中に指定席を持つ小説は少なくない。最近の作家で言えば、村上春樹の「鏡」なども既に定番化しつつある。

しかもこれらの小説は、学習する学年まで見事なくらい固定化されている。「四天王」であれば、高校一年で「羅生門」、二年で「山月記」と「こころ」、三年で「舞姫」といった具合である。さらに「こころ」は、すべての教科書で「下　先生と遺書」のKという登場人物が自殺する場面が抜粋されているのだ。ご丁寧に「あらすじ」が付いているところまで各社の教科書で共通していて、まさに大いなるワンパターンと言わざるをえない。

教科書の歴史を振り返ってみると、いつの時代も定番の小説は存在した。一例を挙げれば、大正から戦前にかけて漱石の「草枕」は多くの教科書で取り上げられている。だが今日ほど同じタイトルが目次に並んだことはかつてなかった。そして不思議なことに、教科書の定番化は二十一世紀に入って一層顕著になってきた。世の中の価値観が多様化したと言われ、いろいろな規制が緩和されて、大学入試の世界でもいわゆるアラカルト方式が定着した時代に、なぜか教科書は世間の流れに逆行したのである。

「どれも名作なのだから、別に同じ小説が教科書に取り上げられてもいいではないか」と思う人もいるかもしれない。なるほど、「羅生門」も「こころ」も近代文学史上に残る小説である。あまたの作品が生まれては消えていった中で、およそ百年に亘り輝き続け、今後も読み継がれていくであろう。

しかし、それはイコール「国語の教科書に必ず出ていなければならない」という話ではない。元々国語には、現代文であれ古典であれ「これでなくてはいけない」作品など存在せず、たとえ「羅生門」と「こころ」が不掲載でも、それが理由で文部科学省の教科書検定を不合格になることは絶対にない。

さらにより本質的な問題がある。それは、そもそも「羅生門」や「こころ」そして「舞姫」は、教科書の教材として適当なのかということである。例えば、「舞姫」所収の高校「現代文B」の来年度から施行される学習指導要領には、「生徒の読書意欲を喚起し、読書の幅を一層広げ、文字・活字文化に対する理解が深まるようにする」とある。しかし現実に「舞姫」が毎年大量に生み出しているのは、文学嫌い、読書アレルギーの生徒なのだ。「舞姫」を通して、著者の鷗外に決定的な負のイメージを抱く者すらいる。

もっと深刻なのは生徒の人格への影響である。思うに、国語は生徒の人格形成にとって重要な教科であり、だからこそ先の学習指導要領も、必修科目の「国語総合」の教材について「生活や人生について考えを深め、人間性を豊かにし、たくましく生きる意志を培うのに役立つこと」と明記している。それでは、本当に定番小説はこの要領に沿った内容なのだろうか。学習者の人物育成に資する作品なのだろうか。

振り返ってみると、日本では「教科書問題」は「歴史教科書問題」とほぼ同義であった。国語の教科書が定番教材で占められているのは、知る人ぞ知ることではあったものの、その内容が教科書にふさわしいかどうかの検討は、ほとんどなされてこなかった。もちろん自国の歴史、とりわけ近現代史を教科書でいかに扱うかは、非常に大切な問題である。けれどもそれに劣らず、国語の教科書の内容がいかにあるべきかも、十分検証する必要のある問題のはずだ。なにしろ「人間性を豊かにし、たくましく生きる意志を培う」べきものなのだから。

そこで本書では、まず国語の教科書がどのようなプロセスで作られ、その中で定番小説が誰によってどのように入れられるのか、教科書の編集に携わった人々からの聞き取りを通して見ていく。次に、「羅生門」「こころ」「舞姫」の三作の国語教材としての歴史をたどり、定番となった理由を探る。最後に、それらの小説を定番化することの是非を、国語という教科の特性を踏まえて考えていきたい。

ところで、定番小説は「走れメロス」など中学校の教科書にもあるし、小学校の教科書にも見られる。また高校の教科書には、宮沢賢治の「永訣《えいけつ》の朝」や山崎正和の「水の東西」のように詩や評論にも定番の作品が存在し、小説を含めて「定番教材」と称されることも多い。

それらのすべてを俎上《そじょう》に乗せることも考えたが、範囲を広げ過ぎの感があるので、ここでは高校教科書の定番小説に焦点を絞った。また「四天王」の中で「山月記」を外したのは、芥川・漱石・鷗外と違って中島には代替作品が「名人伝」と「李陵」くらいしかなく、採録する場合に「山月記」以外の選択肢が極めて少ないことによる。

なお文中のデータは、記載のない限りすべて二〇一三年五月現在のものである。

第一章　定食化する国語教科書

検定という名の壁

誰でも学校で教科書を使ったことがある。小学校・中学校・高校と、通常は十二年間、数多くの教科書を手にしてきたはずだ。だが例外的な人を除き、私たちは教科書に書かれていたことは覚えていても、教科書そのものには無関心である。

試みに、高校の国語の授業でどこの出版社の教科書を使っていたか尋ねてみれば、家でも学校でもこれほど頻繁に開いた本はそうないのに、卒業したての大学一年生でも答えられる人は珍しい。国語でなくても結果は同じで、文科系は山川出版社の「日本史」と「世界史」だけが、かろうじて記憶に留めている人が比較的多い教科書であろう。

教科書会社が覚えてもらえない最大の理由は、「教科書は他人が使用を決めた本だから」、つまり自分の意思で購入した本ではないからだと思う。小・中学校と高校では無償か有償かの違いがあるが、どちらも児童・生徒が自ら教科書を選ぶことはない。人から与えられた本を機械的に、しかも教科ごとに複数冊持たされるわけで、個々の教科書の出版社を覚えているほうが不思議なくらいだ。

そして教科書自体に関心の薄い一般の人々は、当然教科書がどのように作られているのかも知らない。聞けば、国語などは「有名な作品を適当に並べておけばよいのだから、教科書作りなんて簡単だろう」という答えが返ってきそうな気がする。どの教科書を開いても、現代文も古典も同じような教材が並んでいるから、そう思われても仕方がないのかもしれない。しかし実際には、教科書の制作は国語に限らず大変な作業を伴うのである。

他の出版物にない教科書作りの難しさは、「文部科学大臣（文部科学省）の検定に合格しなければならない」という点にある。戦後、新憲法によって検閲は禁止されたが、教科書だけは学校教育法により、「教科用図書検定基準」に適合しているかどうか審査を受けなければならない。

この教科書検定について、仮に不合格となっても一般図書として発行することは自由だから、憲法の禁止する検閲にはあたらないと最高裁は判断している。事実、過去に検定不合格であることを売り物にした本が何冊も出ている。しかし検定に合格できなければ教科書として扱えないのだから、実質上それは出版物としての死を意味する。したがって、教科書会社は検定に合格することに全精力を傾ける。当然のことだ。

教科書作りのスケジュール

すべての教科の新しい教科書作りは、学習指導要領の改訂と共にスタートする。学習指導要領は文部科学省が示す教育課程の基準であり、およそ十年に一度改訂される。高校は直近の改訂が二〇〇九年で、その前が一九九九年だった。新しい教科書は今年度（二〇一三年四月〜）の新入生から使用されているので、新学習指導要領（以下新課程）の告示から実施まで四年の時間が経ったことになる（数学と理科は前年度から前倒しで実施）。

それではこの四年の間に教科書会社は何をしていたのか。もちろん各社独自の教科書作りの伝統も若干あるが、調査した限りでは大差はなかった。そこで、ここでは今年四月から高校一年生が使用している「国語総合」の教科書を例に、典型的な制作のプロセスを見ていこう。

現在「国語総合」の教科書を出版しているのは、東京書籍・三省堂・教育出版・大修館書店・数研出版・明治書院・筑摩書房・第一学習社・桐原書店の九社（文部科学省「高等学校用教科書目録」掲載順）で、国語教科書のみの発行は明治書院と筑摩書房の二社である。「国語総合」の制作については、おおよそ次のようなタイムスケジュールになっていた。

①二〇〇九〜二〇一〇年度　編集作業
②二〇一一年度　検定申請・修正
③二〇一二年度一学期　宣伝活動
④二〇一二年度二学期以降　印刷・製本・納品

この中で②と③は決められた期限があり、④は受注した部数によっておのずと作業日程が決まってくる。だから教科書制作の最大のポイントは①の二年間だと言えよう。この期間が各社知恵の出しどころなのだが、最初にする作業が新課程の研究であることは一致している。学習指導要領に準拠していることが教科書の絶対条件だから、新課程が旧課程と異なる点はどこなのか、改訂の意図をしっかりと理解することなくして教科書の編集を始めることはできない。

特に今回の改訂は、いわゆる「ゆとり教育」からの転換が大きな話題になった。ニュースでは授業時間数の増加が一番注目されたが、国語の面から画期的だったのは、生徒の言語活動の充実が教育課程編成の一般方針でうたわれ、「生きる力」を育むために国語を事実上あらゆる教科の基本と位置づけたことである。また旧課程では一年次の「国語総合」と「国語表現」の選択必修だったのが、「国語総合」のみ必修となった。要は幅広い科目の学習を全生徒に求めたということだ。

暴力・セックスはダメ

このような新課程の基本理念を把握した上で「国語総合」の編集作業が始まる。一言で「国語総合」と言っても、その内容は「現代文」「表現」「古文」「漢文」と多岐に亘るので、分科会で個別に検討される。ここに出席するのは、教科書会社の担当編集者と外部の編集委員である。「現代文」の分科会の編集委員は、おおむね代表者他十人前後で（漢文などはもっと少ない）、主に大学と高校の教員によって構成される。

編集委員には新任の人もいるが、むしろ旧課程の時から続けて関わっている人の方が多い。教科書は学習指導要領の改訂によりフルモデルチェンジするが、その後も通常、四年ごとに改訂版が出されるから、編集委員同士の結びつきは自然と強くなる。会社にしてみれば、教科書の継続性という意味でも、気心が知れているという点でも、さらに新しい人を見つける手間が省けることからも、同じ人の方が都合がよいのだ。

さて、編集委員の最大の仕事は「教材の選定」である。ここからは小説の選定に話を絞ろう。分科会に持ち込まれるのは百を超える小説で、しかもどれも各編集委員がこだわりのある作品ばかり。しかも某社の担当編集者によれば、評論・エッセイ・詩のいずれよりも、編集委員は小説への思い入れが強いという。それに対して「国語総合」に掲載される小説は五つか六つだから、「生き残る」のは大変な競争率と言えよう。

ただし、どんなに編集委員のこだわりが強い小説でも、教科書の性格上、採録されるためにはいくつかの制約が存在する。

①暴力・セックス・禁止薬物などの描写があるものはダメ。

②政治や宗教に深くかかわる内容も不可。
③大衆小説・推理小説も滅多に選ばれない。

①②の理由は納得できるが、③の理由には権威主義的な臭いがしなくもない。いずれにせよ、ベテランの編集委員はこのあたりの条件を熟知しているが、経験の浅い人は会議のテーブルに乗せる以前にボツになる作品を持ちこむこともあるそうだ。

著者よりも厳しい遺族

次に、こうした制約をクリアーした小説でも、著作権の問題を片づけなければならない。著作権法は教科書（教科用図書）について次のように規定している。

三十三条第一項「公表された著作物は、学校教育の目的上必要と認められる限度において、教科用図書に掲載することができる」
三十三条第二項「前項の規定により著作物を教科用図書に掲載する者は、その旨《むね》を著作者に通知するとともに、同項の規定の趣旨、著作物の種類及び用途、通常の使用料の額その他の事情を考慮して文化庁長官が毎年定める額の補償金を著作権者に支払わなければならない」

したがって、教科書への採録に著作権者の同意は不要で、通知さえすれば著作権法に抵触しないということになる。しかし実際のところ、教科書会社は著作権者に前もって連絡し、教科書掲載の了解を得る努力をしている。たとえ法的に問題がなくても、著作権者の意向に反することをゴリ押しすれば出版社としての見識を問われかねないし、教科書以外の副教材（こちらは掲載に著作権者の許可が必要）での使用は絶望的になるからである。

著作権については、

①既に著者の死後五十年が経過し、著作権が切れている作品
②著者が死亡しているが、まだ著作権が残っている作品
③著者が生きている作品

の三つに大別される。①の作品は著作権の問題が発生しないから楽ではあるが、それでは「古い」小説ばかりになってしまう。そこで②③の小説も選ぶことになるが、難し

い交渉を余儀なくされることもある。

まず教科書への採録を絶対に認めない人がいる。次に掲載作品に制限をかける、例えば初期の小説はダメとか、長編小説の抜粋は不可という人もいる。さらには旧字体・旧仮名遣いでなければいけないという人まで出てくる。面白いのは、各社の担当編集者が口を揃えて言うことによると、③の「著者との話し合い」よりも、②の「著作権継承者(妻や子など)との応対」の方がもっと骨が折れるらしい。著者以上に作品を神聖化し、妥協性が乏しいのだそうだ。

どの教科書会社も過去にこうした著作権にまつわる苦労をしているから、教材の選定にあたっては「難しい」著作権者の小説を回避することを願う。ここでもベテランの編集委員はその辺りの事情がわかっているので、初めからそういう作者の小説は持ち込まない。ところが新任の人は張り切って、今まで採られていない作者の小説を見つけてくるのだが、実は以前に揉《も》めてボツになった人物だったりするのである。

教科書ゆえの制約に引っかからず、著作権上も問題がない小説は、編集会議で一つずつ検討される。ここでの意見の集約が教科書会社の一番苦労するところで、編集代表のリーダーシップと担当編集者の根回しが求められる。

自分の持ち込んだ小説が選定されずにつむじを曲げた編集委員の愚痴を、一晩中聞かされたというベテラン編集者は、「教材の選定が終わると教科書制作の大半が終わった気分になる」と語っていた。なお、編集委員のご機嫌を直す有力な方法の一つとして、彼の推す小説を副教材に入れることもあるらしい。いわゆるガス抜きだ。そう言われてみれば、確かに副教材は各社なかなか個性的なラインナップとなっている。

太宰治の誤記

すべての教材の選定が済むと、いよいよ三年目に検定の申請を行う。教科書検定の流れは、文部科学省のホームページによると以下の通りである。

検定の申請

↓

教科用図書検定調査審議会に諮問

↓

教科書調査官による調査、審議会の審査

←文部科学大臣に答申
←文部科学大臣が合否を決定し、申請者に通知

ただし審議会は、必要な修正を行った後に再度審査を行うことが適当と認める場合には、合否の決定を留保して検定意見を通知する。通知を受けた申請者は、それに従って修正した内容を「修正表」によって提出する必要がある。それを文部科学大臣は再度審議会の審査に付し、その答申に基づいて合否の決定を行い、検定手続は終了となる。

審査用に作られる教科書は「白表紙《しろびょうし》」と呼ばれ、表紙に教科名しか入れず、教科書調査官にどこの教科書会社の本かわからないようにしてある。この申請において一発で合格になることはまれで、通常は十一月頃に検定意見で様々な指摘を受け、三十五日以内に大急ぎで修正して再提出しなければならない。

かつてある教科書会社が、太宰治の「富嶽百景」に出てくる「御坂《みさか》峠、海抜千三百メートル」という記述について指摘を受けたことがあった。実際の御坂峠の海抜は一五二

五メートルだからである。結局、正しい海抜を脚注に書くことで了承されたが、ベテランの教科書担当編集者でも見落としてしまうような細かい誤記が結構あるようだ。めでたく検定に合格すると、教科書会社は見本を作成して、四年目の四月から七月にかけて宣伝合戦を始める。検定に通るために大変な時間と労力、そしてお金を費やしているわけだが、もちろんそれだけでは収入にはならない。自社の教科書をどれだけ多くの学校に採択してもらえるか、これが勝負になる。ヨーイドンで一斉に、同じターゲットに向けて類似の商品を売り込むことは、出版の世界では他にほとんど見られない光景であり、これだけでも教科書制作の特殊性がわかる。

採択のシステム

ここで教科書の採択について説明しよう。まず教科書決定の権限は次のようになっている。

①国立・私立　小中高いずれも校長
②公立　小中高いずれも学校を設置する市町村や都道府県の教育委員会

ただし②の公立学校は、義務教育の小・中学校と高校で採択方法が大きく異なる。公立小・中学校の教科書は、複数の市町村の集まり（採択地区）ごとに、共同して同一の教科書を採択する「共同採択」というシステムをとっている。だから同じ採択地区の学校は、すべての教科につき同じ教科書を使用しているわけだ。ちなみに、二〇一二年四月の段階で一番採択地区が多いのは東京都の五十四で、少ないのは鳥取県の三である。

採択地区内の市町村は、通常「採択地区協議会」を設け、その調査・研究を踏まえて共同採択する。教科書会社は採択の参考に供するため、市町村の教育委員会だけに見本を送付することになっていて、各小・中学校に送付することは禁じられている。

一方、公立高校では、通常各校の校長の選定した教科書を所管の教育委員会が採択する形式になっている。つまり地域に一切関係なく、どの教科であれ、学校ごとに異なる教科書を使用できるということである。校長の選定した教科書を、教育委員会が採択しないことはまずありえないから、公立高校の教科書決定にかかわる実質的な権限は学校にあることになる。

それでは、各高校はどのようにして教科書を選んでいるのか。都立高校を例に取ると、校長を委員長とする「教科書選定委員会」が設置され、そこで教育委員会が作成した資料をもとに調査・研究が行われる。それに生徒の実態を踏まえ、「高等学校用教科書目録」から最も適切な教科書が採択される（東京都ホームページより）。

教科書選定委員会は、各教科の教員に教科書選びを任せるのが一般的である。餅は餅屋ということだ。これは国立・私立の学校も事情は同じで、校長がそれに異を挟むことはまずないであろう。ということは、高校の教科書採択は国公私立を問わず、各教科の教員の影響力が極めて大きいわけだ。ここに教科書会社の営業担当者のチャンスが生まれるのである。

規制される宣伝活動

全日制と定時制を合わせた高校の総数は全国で約五〇〇〇校あり、一学期の約三か月という限られた期間しか宣伝できないので、各社それぞれの規模に応じた活動を展開することになる。複数の教科の教科書を発行している会社であれば、一人の営業担当者が国語だけでなく他教科の営業も同時にできるので、多くの高校を訪問するための人海戦術を取りやすくなる。

他方、国語しか出していない会社は必然的に訪問校が限定されるので、より慎重に学校を選ぶ。いずれにせよ、すべての高校を訪ねるのは不可能なので、行けない学校には教科書の見本（文部科学省により各校一部と指定）や解説用パンフレットを郵送する。

高校の教科書採択にあたっても、昔は営業担当者による教員への接待が半ば公然と行われていた時代もあった。その反省もあり、教科書発行者に宛てて「教科書の採択に関する宣伝行為等について」という通知が二〇〇七年に文部科学省から出され、以下の制約が課された。

（1）教職員、公職関係者又はこれらの職にあった者など採択関係者に影響力のある者を採択に関する宣伝活動に従事させないこと。
（2）採択関係者の自宅訪問は行わないこと。
（3）内容見本又は解説書等は、教科書又は教師用指導書と記述内容やページ数等を勘案して類似していると考えられるものを作成・配布しないこと。
（4）採択期間中において、教科書に関する講習会又は研修会等を主催せず、原則として、関与しないこと。また、同期間中において、編著作者をこれらに関与させないこと。

(5)教科書を児童又は生徒に給付する過程において、宣伝物を挿入・添付し、又は宣伝用の袋を使用するなどして教科書その他の出版物の宣伝行為を行なわないこと。

また、教員への教科書の見本と「白表紙」の献本は禁じられ、さらに採択関係者の側には「教科書採択にあたって他社教科書との比較対照や他社教科書における誤謬を利用した宣伝行為に軽々に左右されないように」との注意喚起も行われている。通称ネガティブ・キャンペーンへの警告である。

一番は人間関係

高校訪問の優先順位は、①過去の採択実績、②懇意な教員の存在、③重点地域、などいくつかの要素で決まる。せっかく行っても、教員に会えず受付に資料を置いてくるだけでは郵送するのと大差ないから、学校行事の有無や訪問する時間などを考慮して、ベテランの営業担当者は綿密にスケジュールを練るという。

②については、教員の異動が少ない私立高校がターゲットになりやすい。学校数も全国で一三〇〇を超え、固定の担当者をつけることも多い。私立の校長（特に理事長兼任の人）の中には、全教科の教科書採択を独断に近い形で引き受ける「猛者《もさ》」もいるそうで、こういう校長に対しては、ピンポイントで会社のトップが直接セールスを行うこともある。うまくいけば、複数の教科の教科書が一網打尽で採択されるのだ。

首尾よく国語科の教員と会えた時は、当然自社の教科書を売り込むわけだが、ここで教科書本体と同様に重要なのが教師用の「指導資料」（通称「虎の巻」）の存在である。高校訪問の時点では、まだ「指導資料」の現物は完成していないので、パンフレットに内容を書いて説明する。これについては後述するが、多くの営業担当者は「指導資料」への評価が教科書の選定に大きく影響すると確信している。

多くの制約がある中で、営業が実を結ぶのはやはり日頃の人間関係が大きいと、各社の営業担当者は口を揃える。先の通知の（４）に「採択期間中において、教科書に関する講習会又は研修会等を主催せず、原則として、関与しないこと」とあるが、裏を返せば、採択期間中でなければ教科書に関する講習会や研修会を行うことは自由であり、実際にほとんどの教科書会社が高校の教員を対象とした研修会に力を入れている。それはもちろん教材研究のためでもあるが、自社の教科書を採択してくれた学校（教員）へのアフターケアーと、「次」への布石でもある。

こうした宣伝期間を経て、八月末に各校の採択する教科書が決まると、教科書会社は秋から印刷・製本にかかり、出来上がると採択校のエリアにある教科書供給会社に発送する。そこから各教科書はそれぞれの学校に送られ、新年度の授業で用いられる。四年に及ぶ新課程用「国語総合」の教科書作りは、ここで一応の区切りとなるわけだ。

決定するのは「天の声」

さて、ここからは本題の定番小説についてである。教科書制作のどの段階で、誰によって、定番小説は教科書への採録が決まるのか。ここまで読んだ方は、おそらく全員が「教材を選定する編集委員の会議」と答えるであろう。しかしそうではない。定番小説は「第一回編集会議の前から」既に掲載が決定しているのだ。

筆者は先に「国語総合」の小説の枠は五つか六つと書いた。教科書に収録されているのは確かにそれくらいの数だ。だが編集会議で選ばれるのはそのすべてではない。「国語総合」には「羅生門」があるからである。それぞれ別の二社の編集委員と三社の担当編集者に聞いたところ、どの社でも「羅生門」の選定の可否は編集会議で全く議論しなかった、つまり最初から採録は決まっていたと語った。おそらく他の四社もそうであろう。

そして指定席に収まる小説は、「羅生門」以外にも志賀直哉の「城の崎にて」、太宰治の「富嶽百景」などがある。この二作を旧課程の教科書から継続して入れた会社では、掲載を前提として一応編集会議にかけた所と、かけなかった所があった。どちらにしても採録すること自体は確定していたわけで、「羅生門」「城の崎にて」「富嶽百景」が全部収録されている教科書の編集会議は、事実上、小説の選定に半分以下しか関与しなかったことになる。

では、編集会議を超越した定番小説選定の主導者は誰なのか。それは教科書会社自身である。「羅生門」に関しては、新しい教科書がまだ影も形もない時から、会社の強い意向で掲載が確定しているのだ。高校二年次以降の「現代文」の教科書における「こころ」「舞姫」「山月記」も事情は同様である。

大学教授や中・高教員の編集委員たちは、暗黙の了解として、こうした「天の声」にそれほど抵抗感を抱いていないらしい。あるベテランの編集委員は、「会社の方針だし、

『羅生門』がダメだという積極的な理由もないから、特に不満の声は出ないんですよ」と語っていた。別の編集委員にいたっては、「『羅生門』の是非など考えたこともありませんでした。掲載することが決まっているものだから」とのことだった。

ただよく考えてみると、「羅生門」を入れるということは、同時に芥川の別の小説は選ばれないことを意味する。「国語総合」については、限られた小説の点数の中で芥川が二作載ることは絶対にない。高校二年次以降の教科書についても、芥川の小説（他の作品も）が収録されることは少ない。すなわち「羅生門」の定番化は、教材の選定に当たり、編集委員の脳裏から「芥川龍之介」という名前を消去することに等しいのだ。

定番小説は先生のため

そして選択の自由を奪われるのは編集委員だけではない。高校の教員もまた、「羅生門」以外の芥川の小説を教科書で教える機会を失っている。教歴二十年を超えるある教員は、「教壇に立ってから一度も『羅生門』以外の芥川の小説を教えたことはありませんよ」と半ば自嘲気味に語っていたが、こういう教員は大勢いる。

これに対して教科書会社のスタッフは、判で押したように「副教材には別の芥川の作品も入っています」と弁明するが、しょせん副教材は副教材だ。しかも授業時間が削減され、教科書の単元すら間引きされがちな今日、親に経済的負担を強いてまで副教材を使用する学校は多くない。そこで教員は仕方なく「推薦図書」に教科書以外の作品を列記することでお茶を濁すわけだが、「推薦図書」を読む生徒が絶滅危惧種であることは誰よりも承知しているのである。

このように、定番小説を定番たらしめているのは、まぎれもなく教科書会社なのだが、その理由は決して「羅生門」が教科書に必要不可欠な作品だからではない。つまり作品の内容の問題ではないのである。芥川ならば「鼻」だって教材にふさわしいし、「地獄変」だって魅力的だと、最高責任者から若手の担当編集者まで、多くの教科書会社のスタッフが語る。にもかかわらず「羅生門」を定番にするのは、「先生方の希望だから」、すなわち高校の教員の希望に沿ったのだと彼らは口を揃えるのだ。

興味深いことに定番であるばかりか、「羅生門」は教科書に出てくる順番まで、高校一年生の一学期最初の小説教材とほぼ決まっている。新課程の「国語総合」でも「羅生門」はここが指定席で、後ろに回した「勇気ある」教科書は限られている。これについては、新入生を迎え多忙で疲れている教員にとって、ゴールデン・ウィーク明けに

「『定番』中の『定番』である『羅生門』」があると非常に助かるのだ」という指摘がある（石原千秋『国語教科書の思想』、二〇〇五年、ちくま新書）。

この指摘が説得力を持つのは、教科書会社のスタッフが「先生方はお忙しいので」という言葉をよく口にすることからもわかる。だからかゆい所に手が届くようなサービスを提供すれば、教員に喜んでもらえるだろうし、結果として教科書の採択に結びつけられると考える。そのためには「羅生門」を定位置に載せることなどお安い御用だ。各社のパンフレットの目次欄には、「羅生門」など定番教材の名前の上に、「定番」の文字が躍っている。あたかも「ちゃんと入っていますよ」と強調するかのように。

さらに、「多忙な」教員に対して教科書会社が最大のサービスだと確信しているのは、教科書の「指導資料」の充実である。「指導資料」と言えば、一般には教科書の教材の解説書をイメージするであろうが、実は生徒への発問の実例集から試験の問題のサンプルまで至れり尽くせりの内容で、「お忙しい」教師にとって一見これほどありがたいものはない。

先述のように、この「指導資料」の出来具合が教科書採択の重要な要素になるとして、教科書会社はその制作に全力を注いでいる。「指導資料」は定価が高いので、もちろん収入の面でも役割は大きいが、あくまでも採択あっての購入である。かくして皮肉なことだが、教科書以上に「指導資料」の方が改良を重ね、「進歩」しているのが現状と言えよう。

ただ、こうした教科書会社の採択のための戦略が、高校の教育現場の実態を反映しているものなのかどうか、検証されたことはほとんどないようだ。「多忙な教員は、指導案を作成し、授業をした経験のある定番小説を歓迎する」という考えは、見方によっては「教員は怠け者だから、手抜きのために定番小説を喜ぶ」と分析しているようにも取れる。「お忙しいので」は、「面倒くさがり屋なので」の裏返しだということである。

なるほど世の中には同じ指導案を長年使い、「指導資料」のガイドするままに授業を行い、試験を実施する教員も存在する。しかし本当は、教科書会社が信じているほどには、その類の教員は多くない。国語科に限らず大多数の教員は、生徒の学力向上のために、そして自らの教える意欲をかき立てるために、より魅力的な教科書を求めているのである。それは次の証言からも明らかだ。

教員の嘆き

筆者は本書執筆にあたって、国公私立高校に勤務する二十五人の現役国語教員の話を聞いた。その結果、忙しいから定番小説が多い方が楽でよいなどと語った人は一人もいなかった。もちろん匿名が条件とはいえ、他人に面と向かって「サボれるから定番小説はありがたい」と言う人がいないのは十分承知している。それにしても、彼らの発言は教科書や定番小説への不満に満ち溢れていた。そのいくつかの生の声を挙げてみよう。

「教科書を選ぶといっても、どこの社も変わり映えしないラインナップですからね。是非使ってみたいなんていう教科書に出会ったことはないですよ。」

（教歴三十年、私立高校教員）

「はっきり言って、教科書を選ぶポイントは生徒のレベルに合っているかだけ。それ以外はどこの教科書も一緒だから。」

（教歴八年、公立高校教員）

「目次で出版社がわかる教科書はゼロです。検定に通るためには、あまり個性があってはダメなのかもしれないけど。」

（教歴二十一年、公立高校教員）

「そりゃ、『羅生門』を教えるのは簡単ですよ。もう何回もやっているんだから。でも同じ教材ばかりだと、教員の側がマンネリ化するんですよね。工夫するといっても、限界あるしね。」

（教歴十五年、公立高校教員）

「教員は忙しいから定番教材がありがたいなんて、本当に誰か言ったんですか。教員はバカにされているのかな。」

（教歴十八年、国立高校教員）

「捨てられる」現代文の授業

印象的だったのは、彼らがみな国語、とりわけ「現代文」の授業の難しさへの対応に苦慮していることであった。「難しさ」とは「いかに生徒の興味を引く授業を行うか」ということである。これはあらゆる教科に共通する課題だが、とりわけ国語の教員は強い問題意識を持っている。なぜなら、未知のことを習うという要素が少ない現代文は、生徒が「受ける意味がない」と思いがちな科目の筆頭格だからだ。英語や数学はサボっていたら落ちこぼれるけれども、現代文の授業はうわの空でも学力に関係ない。彼らはそう信じているし、それはあながち否定しがたい一面もある。

例えば、大学入試センター試験の数学I・数学A（高校一年で履修）の問題を中学一年生に解かせたら、先取り学習をしていない限りほとんど0点だ。国語の古典（古文・漢文）も「まぐれ当たり」以外で得点するのは難しい。しかし現代文（評論・小説）は、結構点数を取る生徒がいる。日常使っている言葉であるがゆえに、日頃の読書量や言語感覚などがもろに学力に反映するのが現代文であり、学習量が学力に必ずしも直結しないことは、誰しも受験勉強で痛感した経験があろう。

このように、学力向上という観点からは「ありがたみの少ない」現代文の授業で、ただでさえ活字離れのはなはだしい生徒の関心をいかに引き出すか、国語教員は日夜頭を痛めている。本来教科書は、こうした真剣な教員の有力な手助けになるべきものだ。なにしろ授業の必須アイテムなのだから。

しかも国語の教科書は、他教科よりも自由裁量の面が大きい。徳川家康の出てこない日本史の教科書はありえないし、第二次世界大戦の記述のない世界史の教科書も存在しない（そもそも検定に合格しない）が、国語は「これが入らなければダメ」という意味での検定上の制約は少ない。「国語総合」に芥川の小説がなくても何の問題もないのである。だから内容上は、最も選択の幅が広い教科書になる条件が整っている。

にもかかわらず、国語の教員は「どこの教科書も一緒」と評価し、失望している。皮肉なことに、教科書会社が「先生のため」と思い込んでいる定番教材こそが、まさに教科書の個性を失わせ、教員に不毛の選択を余儀なくさせているのだ。なんというミスマッチであろうか。

試験は「指導資料」のままに

さらに教員たちからは、何から何まで提供してくれる「指導資料」についても厳しい声が寄せられた。

「僕は『指導資料』は使いません。あれは教員を怠け者にする道具だと思っていますから。『羅生門』や『こころ』の解説なんて、平気で五〇ページくらいありますからね。特に国語の『指導資料』は大いに問題があります。『模範解答』に一番なじまない教科なのに、そこに導く手順が示されていて、テストのサンプルもそれに沿って作られている。はっきり言って、思想統制されているみたいです。」

（教歴十年、公立高校教員）

彼によれば、「指導資料」を使用しない教員は生徒の人気がないのだという。なぜかと言えば、彼の学校の定期テストの問題を作るベテラン教員は、「指導資料」のサンプル問題をそのまま出題するので、当然「指導資料」に則《のっと》った授業を受けている生徒が有利になる。ゆえに自ら教材を読み込み、指導案を工夫した彼のような教員は、「指導資料」をノートにコピーして授業をする教員よりも生徒の受けが悪いのだそうだ。なるほどとは思うが、笑えない話である。

さらに複数の中堅・ベテランの教員からは、「教科書会社が定番小説を好んで掲載するのは、『教員のため』と言いつつ、別の理由があるのではないか」との指摘があった。それは「定番小説は必ず検定を通るし、修正箇所も少なくて済むから」、すなわち教科書検定の際にリスクが小さいことが、定番小説の存在意義を大きくしているというのである。

先に書いた通り、教科書に載せる小説には様々な制約があるのに加え、内容は適当でも文中の語句が引っかかることも少なくない。例えば差別用語は論外だし、商標登録された言葉（宅急便・バンドエイドなど膨大にある）も変えなければならない。だが、著者の中には一字一句たりとも原文をいじってはならないと唱える人もいるのだ。

その点、定番小説は問題点が過去に各社の検定申請で洗い出され、既に修正されている。しかも「四天王」を始め著作権切れ作品が多いので、著作権者との交渉も不要である。ゆえに時間との戦いになる教科書の制作にあたり、定番小説はまさに「保険」的なものと言えよう。

この定番小説＝保険説を各社の担当編集者にぶつけたところ、明確に否定する人は一人もいなかった。定番であるがゆえに、どこの社も他と少しでも差別化を図ろうと、改訂のたびに本文中の写真や図、文末の問いなどに工夫を凝らしている。しかし、新規採録の作品に比べて編集作業の負担が格段に軽いことは確実で、「正直、定番小説がなくなったらと思うとぞっとする」と本音を吐露してくれた人もいる。

それでも彼らは異口同音に、定番小説の採録は検定申請の負担減よりも、「先生のため」だと唱える。先の筆者の聞き取り内容を説明しても、それは建前だと反論する。学校回りをしている営業担当者も全員が「羅生門」支持派で、ある人は「『羅生門』のない教科書はありえません。先生方に相手にされませんよ」と断言した。けれども、定番小説の是非について、今までに教員と意見を交換した人は誰一人いなかったのである……。

「都市伝説」まで登場

ここに非常に象徴的な話がある。若い担当編集者と定番小説について話をしていたら、「うちの会社では以前、一度『羅生門』を外したことがあったのですが、採択数が大幅に減ってしまい、それ以後は『羅生門』を換えるという選択は完全になくなりました」と教えてくれた。

ところが調べてみたら、「羅生門」が定番小説として定着した一九八〇年以降、その会社の教科書から抜けていたことはなかった。そこで社内で確認してもらったところ、やはりそれは事実ではなかったのだ。おそらく「『羅生門』を掲載しなければ採択数が減る」という「都市伝説」が、何の疑問も持たれることなく、当然のこととして歴代の担当編集者に語り継がれてきたのであろう。

結局のところ、教科書会社にとって定番小説は、検定申請の上でも高校の採択の上でも、リスクの少ない誠にありがたい教材だということに尽きる。誰もが認める名作ばかりなのだから、いまさら改めて内容を吟味することなど意味がない。ただ教科書の定位置に載っていて、パンフレットに「定番」の文字があればオーケーなのだ。

かくして、ただでさえ検定制度の存在ゆえ類似性が高くならざるを得ない国語教科書は、「先生方のため」という錦の御旗《みはた》の下、定番小説が幅を利かせることでますます「定食化」しているのである。

第二章　「定番の王様」はいかにして誕生したか――「羅生門」

全教科書を制覇

数ある定番小説の中でも、芥川龍之介の「羅生門」は別格の存在と言える。「はじめに」でも触れたが、新課程の高校一年「国語総合」のすべての教科書（古典編は除く）に掲載され、九社二十三冊（全出版社が、レベル分けや古典編との合冊《がっさつ》・分冊などにより複数冊発行している）で、ただの一つも例外はない。ちなみに、「羅生門」に次いで掲載数が多いのは太宰治「富嶽百景」の十一冊で、以下夏目漱石「夢十夜」九冊、志賀直哉「城の崎にて」七冊、村上春樹「鏡」七冊となっている。

しかも、「国語総合」は新課程の高校の国語で唯一の必修科目である。二年次以降の「こころ」や「舞姫」は私立理系型の生徒などで習わない（だから教科書も買わない）

者がいるけれども、「羅生門」掲載の「国語総合」は全国津々浦々、原則的にどこの生徒でも持っている。考えてみればすごい話ではある。

さらに学校のレベルを問わず、「羅生門」は授業で扱われない可能性が極めて低い。教員は授業時間数や生徒の学力に応じて、しばしば教科書の一部を飛ばすが（一単元の中に二作品あれば一つを省略するなど）、小説のトップに出てくる「羅生門」をやらない学校（教員）は筆者が聞いた限りなかった。

ということは、授業を真剣に聞いていたか寝ていたかといった問題は横に置いておくとして、現代に生きる高校生以上の若者の圧倒的大多数が、「羅生門」を一度は目にしていることになる。だから今、もし「羅生門」が掲載されていない「国語総合」が登場したら、それだけで大きなインパクトであろう。

しかし、かつてはそうではなかった。「羅生門」が教科書に載っていなくても、誰も気にしないし、気が付きもしない時代が確かにあったのだ。ここからはまず、大正時代以降の教科書における芥川の小説の受容史を見ていこう。

「羅生門」のない時代

橋本暢夫《のぶお》氏の著書『中等学校国語科教材史研究』（二〇〇二年、溪水社）の第六章「芥川龍之介作品の教材化の状況とその史的役割」によれば、芥川の作品が旧制の中等教育学校（以下旧制中等学校）で国語の教材に選定されるようになったのは一九二一年頃からである。当時の中等教育は中学校・高等女学校・実業学校で行われ、修業年限は五年であった。六・三・三・四制のように学制が固定していたわけではないが、おおむね旧制中等学校の四年生が現在の高校一年生にあたる。

戦前の教科書というと「国定教科書」のイメージが強いが、これは小学生向けで、旧制中等学校の教科書は中学校令に基づき文部省（文部大臣）による検定制度だった。これに変更が加えられたのは太平洋戦争時の昭和一八年で、旧制中等学校の教科書も原則として国定となったが、ほどなく終戦を迎えたのでその期間は短い。

旧制中等学校の四・五年次、すなわち今の高校一・二年生の教科書に掲載された芥川の小説の順位は以下の通りである。

①「戯作三昧」

②「或日《あるひ》の大石内蔵助」
③「手巾《ハンカチ》」
④「尾形了斎覚え書」
⑤「蜜柑《みかん》」

なお一年から三年にかけての教科書では「蜘蛛の糸」が一番多く、「蜜柑」「手巾」「トロッコ」「杜子春」の順となっている。また随筆・紀行文も積極的に教材化され、四・五年では「漱石山房の秋」が最頻出である。

「戯作三昧」は一九一七年に「大阪毎日新聞」に連載された小説で、「南総里見八犬伝」の著者滝沢馬琴を主人公として、彼のある一日を取り上げた作品である。芸術に打ち込む馬琴の姿と無理解な家族の描写を通して、芥川自らの人生観や芸術観を表現した小説と言われる。

教科書に採られたのは、十と十三の一部分の抜粋が大半であったが、大正から昭和まで戦前を通して芥川の小説で最も登場している。その意味において、戦前の国語教科書における芥川の小説の「定番」と称することができよう。ただし主たる収録箇所が二つあり、他の小説も選定されているから、教員の選択の自由は十分にあったはずである。

ところで、ここまでの古い時代の国語教科書の話で、「羅生門」が全く出てこないことに気がつかれたであろうか。そう、実は「羅生門」は、戦前には教科書に一度も掲載されていないのである。今日の定番ぶりを見せつけられている私たちにとっては、まさに衝撃の事実と言っても過言ではあるまい（これを最初に指摘したのは、後述の野中潤氏である）。

昔の生徒が教科書で読んでいた小説が、今は消えてしまっているというのならばよくわかるし、そのような例は枚挙に暇《いとま》がない。しかし「羅生門」はまさにその逆なのだ。一体、「羅生門」に何があったのか。

芥川のこだわり

「羅生門」は一九一五年（大正四年）、柳川隆之介のペンネームで雑誌『帝国文学』に掲載された。当時、芥川は東京帝国大学の学生で、著名な雑誌に載った野心作だったが、読者からの反響はほとんどなかった。芥川の名前が文壇に轟《とどろ》いたのは翌年のことで、第四次『新思潮』の創刊号に書いた「鼻」が夏目漱石の激賞を受け、ここに華々しい文壇デビューを飾ったのである。以後の彼の活躍ぶりは改めて記すこともなかろう。

初出の折に見向きもされなかった「羅生門」ではあるが、芥川はこの作品に強い思い入れがあり、第一小説集のタイトルも『羅生門』と命名し（一九一七年、阿蘭陀書房）、巻頭に配した。やがて芥川の文名が上がるにつれ、「羅生門」も高い評価を得て、代表作と認知されるに至った。もちろん、黒澤明の映画や教科書の影響などにより、芥川の代名詞的小説となった今日ほどではないにせよ、「羅生門」は芥川の生前から既に代表作として認められていたのである。

その「羅生門」が一切教科書に載っていなかったのはなぜか。先に挙げた教科書採録小説は初期の作品が中心なので、作品の発表時期は関係なさそうだ。また「羅生門」へのこだわりからして、芥川が教科書掲載に不同意だったということもなかろう。となると、何か別の理由があったとしか思えない。それを探るために、まず戦前の国語教科書における現代文、とりわけ近代小説の役割について考えてみたい。

国語教材の条件

明治時代の旧制中等学校では、国語教育について「和漢文」とか「国語及漢文」という名の下に、当初漢学の影響が強い授業が行われてきた。しかし一八九〇年代以降、教育制度が確立してくると、「国語教育ハ愛国心ヲ生育スルノ資料タリ」という文部省の意向により、しだいに和文が重視されるようになった。

ただしここで和文とはイコール古文のことで、『小説神髄』や『浮雲』の出版からまだ日の浅い近代の小説など、当然歯牙《しが》にもかけられない存在であった。一八九〇年に発行された「国文学読本」（芳賀矢一他編、冨山房）を見ると、柿本人麻呂・紫式部などから本居宣長・滝沢馬琴まで、日本の古典文学史のような内容である。

近代の文章が教科書で取り上げられる契機となったのは、一九〇二年に出た文部省の訓令「中学校教授要目」における「今文」の存在である。ここでは第二学年の「講読の材料」で「今文」として「現代作家ノ論説文」が登場し、第三学年以降も「現代ノ思想及事実ヲ叙述論議スル今文」などが挙げられている。

これによって、次第に坪内逍遥・森鷗外・樋口一葉・徳冨蘆花などの文章が教科書に載ることとなったが、まだそれらは論説文や随筆にほぼ限られていた。「中学校教授要目」から明瞭なように、小説を教科書に取り上げることは元々想定されていなかったのである。

その後、明治も末になって、ようやく小説も教科書に姿を見せるようになってきた。小説や小説家が社会的に認められてきたことが背景にありそうだが、いつの時代も国の定めた基準に基づき教科書を制作する出版社にとっては、一九一一年の「中学校教授要目改正」に明記された国語講読教材の条件が大きかったと思う（以下、現代表記で要約）。

①日本の国体及び民族の美風を記し、国民性を発揮させるもの
②健全なる思想を述べ、道義的観念を涵養《かんよう》するもの
③忠良賢哲の事蹟を叙し、修養に資するもの
④文学的趣味に富み、心情を高雅にするもの
⑤日常の生活に裨益《ひえき》し、常識を養成するもの

ここで重要なのは④の「文学的趣味に富み、心情を高雅にするもの」で、戦時下の一九四三年に教科名が「国語漢文」（一九三一年に「国語及漢文」より変更）から「国民科国語」に変わり、皇国史観一色の指導方針が示されるまで、大正・昭和とほぼ同一表

現で「教授要目」に入っていた。ここにおいて、まさに小説の出番がやってきたのだ。

芥川の編集した副読本

芥川の小説が教科書に掲載され始めた大正中期は、ちょうど文学作品が教科書に定着する時期であった。政治的背景としては大正デモクラシー、文学的背景としては自然主義の衰退と白樺派・新思潮派の台頭があり、個人主義が進展する中で国語教育にも新しい芽が出てきた。すなわち、訓詁注釈を中心とした教育から文学教育への転換である。芥川は第一小説集『羅生門』の刊行から五年も経たず教科書デビューを果たしているが、まさに国語教育が新しい教材を求めていたところに、文壇の寵児《ちょうじ》芥川の作品がうまく嵌《はま》ったというところであろう。

こうした状況の中で、大正から昭和初期にかけて数多くの国語読本（教科書）や文芸読本（副読本）が編纂され、そこには文学作品、特に小説が積極的に掲載された。注目すべきは、芥川自身も『近代日本文芸読本』全五集（一九二五年、興文社）を編集していることで、彼が当時の中学生にどのような文学作品を読ませたかったのか、一目瞭然にわかり興味深い（一九八一年に日本図書センターから復刻版が出ている）。

この本の制作意図は旧制中等学校の教材用だったが、有島武郎と武者小路実篤の作品が入っていると検定に合格しないことがわかり（有島は夫のある女性と心中したため、武者小路は社会主義的言動のためとされる）、申請を断念している（関口安義『芥川龍之介とその時代』、一九九九年、筑摩書房）。だが、凡例に「収めた作品は大体中学の一学年から五学年に至る学生諸君の読書力に準じて配列したものである」とあり、中学生のための読本というコンセプトは堅持された。なお、この本の編集の忙しさと掲載作家への気苦労が、芥川の自殺の遠因だという説も有力である。

『近代日本文芸読本』所収の芥川本人の小説は「トロッコ」で、一年生用の「第一集」に入っている。他の教科書で低学年向け教材の双璧だった「蜘蛛の糸」と「蜜柑」を押しのけて、「トロッコ」を選んでいるところが面白い。

高学年（現在の高校生）向けの小説としては、「第四集」に鷗外の「高瀬舟」、「第五集」に志賀の「城の崎にて」などが収録されている。ここで詳述するのは避けるが、五集すべてに芥川らしい細やかな目配りが感じられ、今の子供たちにも読ませたい素晴らしい編集だと思う。

「羅生門」の落選理由

さて先に挙げた国語講読教材の条件を見れば、なぜ戦前に「羅生門」が一度も教科書に採録されなかったのか、その理由が推測できそうだ。すなわち、老婆の言動に影響された下人が、遂には自分も追剝《おいは》ぎ（強盗）になり果てるというストーリーの「羅生門」は、①日本の国体及び民族の美風を記し、国民性を発揮させるもの、とか②健全なる思想を述べ、道義的観念を涵養するものといった条件に反していたのである。

「羅生門」が単純な強盗の話でないことは明らかだが、戦前の教科書教材の選定にあたっては、登場人物の深層心理よりも、文章から直接読み取れる内容が重視されていたらしい。例えば、芥川の「手巾」（息子の死を、彼の恩師に報告する際の母親の態度に見る「日本の女の武士道」の話）は、男子校である旧制中学校での採択はわずかで、高等女学校で好んで使われた教材だった。それは日本女性の理想の姿を示した話として、女子生徒に読ませたいと学校・教員が思ったからに他ならない。

しかし、芥川本人は決して「道義的観念を涵養する」ためにこの小説を書いたわけではなかった。新渡戸《にとべ》稲造（『武士道』の著者で、芥川の旧制第一高等学校在学時の校長）を主人公のモデルにしたとされる「手巾」は、むしろ「武士道」的道徳観や主人公（イコール新渡戸)に代表される明治知識人の思想への批判を込めた作品であり、それは小説の最後の場面を読めば比較的容易に理解できる。「手巾」が「婦女子の鑑《かがみ》」の格好な素材として、高等女学校で好んで読まれていたことを知ったら、芥川はさぞびっくりしたであろう。

そして「羅生門」が教科書に採られなかったのには、もう一つ重要なポイントがあったのではないかと思われる。それは「羅生門」が日本の古典を題材にした作品だということである。

今でこそ「国語」という教科の中心は現代文だが(大学入試センター試験でも、配点は現代文一〇〇点、古文五〇点、漢文五〇点)、「国語及漢文」が長く教科名だった戦前の中等教育では、「国語」の中心は日本の古典、つまり古文であった。そこに新しく入ってきた芥川を含む今文=現代文に求められたのは、新時代の息吹を感じさせる文章だったはずで、「今昔物語」を題材にした「羅生門」は古文との関係が深いがゆえに、かえって敬遠されたのではないか。

この推測を補強する根拠としては、同じく古文を題材にした「鼻」もまた、戦前の教科書採録が非常に少ないことが挙げられる。「鼻」は「羅生門」と違って反道徳的な内容ではないので、国語講読教材の条件に抵触する小説ではないはずだ。しかも芥川の実質的な処女作であり、早くから作品の知名度は抜群であった。にもかかわらず教科書に選ばれなかったのは、題材自体の問題以外には考えにくい。

この説に対しては、「戯作三昧」「或日の大石内蔵助」といった教科書に選定された小説も、滝沢馬琴・大石内蔵助と明治以前の人物が主人公ではないかと反論されそうである。しかし、それらの作品は古文を参考にしてはいるが、直接換骨奪胎したものではない点が「羅生門」や「鼻」とは大きく異なる。また全員が近代のひとつ前の近世（江戸時代）の人物であることも、古くさくないと評価されたのかもしれない。

理由はなんであれ、「羅生門」は戦前、定番小説どころか教科書に一切掲載されていなかった。それでは「羅生門」は戦後いつから教科書に登場して、定番化されていったのか、次に戦後の高校国語教科書について見ていきたい。

短編小説の意義

まず一冊の本を紹介する。それは阿武泉《あんの》氏が監修した『読んでおきたい名著案内　教科書掲載作品13000』（二〇〇八年、日外アソシエーツ）で、一九四九年から二〇〇六年までに発行された高校教科書に採録された文学作品を網羅した労作である。以下の記述はこの本のデータに多くを依拠している。前記『中等学校国語科教材史研究』と共に、「あとがき」で触れるだけでは足りないほど恩恵を被ったので、ここで深く感謝の意を表したい（以後の記述は同著に倣い、当該教科書の使用開始年を記した）。

　さて、日本の学校教育は敗戦と共に劇的な変革の波にさらされた。その端的な例が、教科書の記述に墨を塗る行為である。また教育の内容のみならず、学制も改革され、一九四七年から新制中学、翌四八年から新制高校がスタートし、現在の六・三・三・四制が確立した。そして教科書も、四九年から検定教科書が使われるようになった。

　この当時の高校の教科書は、「言語活動を経験として振り返る」、いわゆる経験主義国語教育に基づく編集がなされていた。教科書自体は「言語編」と「文学編」に分かれていたが、主流は言語教育にあり、一九五一年の「中学校・高等学校学習指導要領（国語科編）試案」でも文学教育は脇役だった。

　ただこの試案には注目すべき記述もあった。それは第五章「高等学校の国語科の単元の例」で、第二学年の単元「短編小説」が例示されていたのだ。そこには短編小説の教材としての意義について以下の記述がある。

短編小説は現代文学において用いられている形式として最も普通なものであり、多くの作家はこの形式によっている。すぐれた作品は人間性を高める力を持っているから、これを正しく読む方法を育てるべきである。

短編小説は作品として完成されたものとして取り扱うことが可能である。現代の社会相を描き、人間のいろいろな姿をいきいきと写し出す短編小説には、作者の人生に対する見方、考え方、感じ方がいろいろと現れてくる。生徒はすぐれた作品を読み、これを味わうことによって、社会生活に対する関心を深め、読書の重要性を理解することができよう。短編小説は読書の習慣がついていない生徒も容易にこれを読み、興味を持ちうるという長所を持っている。

さらに教師の指導については次のようにある。

このような単元を学習するに当って、教師は特に文学の情緒的な面が重要であることを理解しておかなければならない。文学作品は芸術作品であり、情緒の反応をひき起こすものとして、与えられなければならない。つまり、いたずらに分析的に扱うよりは、むしろ思想・筋・性格・描写といった点に重点を置かなければならない。さらにまた少数の作品を詳しく分析してせんさくするよりは、広く多読して真に読書を楽しむことに重点を置くべきである。

ここで強調されているのは、読解力の養成よりも文学作品に慣れ親しむことであり、その後の「目標」でも、1　現代の文学に対する関心を深め、すぐれた作品に親しむ態度を養う、2　現代の短編小説にどういうものがあるか、またそれをいかにして読み味わい楽しむかを知る、3　自分で良い読みものを選び出す能力を高め、良書の選択基準の向上をはかる、などが冒頭に出てくる。

華麗なる教科書デビュー

国のこの方針を受けて、急速に教科書掲載数が伸びた芥川の小説は「鼻」であった。「鼻」は一九五〇年の成城国文学会「現代国語二下」を皮切りに、

①三省堂「新国語（改訂版）文学二」（一九五二年）

②中等教育研究会「新選国語（一）上」（一九五二年）
③三省堂「高等国語（改訂版）一上」（一九五三年）
④実教出版「現代国語文学二下」（一九五三年）
⑤大修館書店「高等国語（一下）」（一九五三年）

と五〇年代前半に一斉に取り上げられた。その一方で「羅生門」はまだ姿を見せていない。

ようやく「羅生門」が高校国語教科書の歴史に名前を刻したのは、一九五七年（奥付の発行年は前年）のことである。しかも、

①数研出版「日本現代文学選」
②明治書院「高等国語総合２」
③有朋堂「国文現代編」

と三冊に採られているのだ。さらに、翌五八年には三省堂の「高等学校新国語総合二」と日興出版の「国文現代編」にも掲載された。まさに彗星のごとく教科書の世界にデビューを果たしたのである。

「羅生門」が採られた背景には、一九五六年実施の高等学校のみの学習指導要領の改訂

があった。そこには国語科の目標として「言語文化を広く深く理解できるように、読解力を豊かにし、特に鑑賞力や批判力を伸長させ」ると明記されたのである。

　文学教材の目的を主に生徒の読書習慣に資することとした五一年の学習指導要領は、ここに大きな転換点を迎え、これを受けて教科書会社は一斉に新しい観点で教科書編集を始めた。さらに、「健全なる思想を述べ、道義的観念を涵養するもの」という戦前の教材選定の道徳的条件が消えたのも、「羅生門」にプラスに働いたのであろう。

グランプリという追い風

　もっとも、「読解力・鑑賞力・批判力」を念頭に置いた教材選びが盛んになったからといって、また思想面が不問に付されるからといって、それだけで「羅生門」が新たに選ばれた理由にはなるまい。芥川の他の小説ではない「羅生門」が、一挙に三社もの教科書に選定されたのはなぜか。それは一九五一年に、黒澤明監督の映画「羅生門」がヴェネツィア映画祭でグランプリ（金獅子賞）を受賞し、大きな話題を呼んだことが追い風になったものと思われる。

　映画版のストーリーは同じ芥川の「藪の中」を脚色したものだが、冒頭とラストに出てくる羅生門のシーンとあいまって、小説「羅生門」が映画全体のフレームを形成している。この映画の大成功は、黒澤明の名前を世に轟かせたとともに、「羅生門」という作品そのものの価値も一層高くした。なにしろ世界三大映画祭の一つでグランプリを獲得した映画のタイトル作品なのだ。

ヴェネツィア映画祭での受賞は一九五一年の十一月だったので、同年四月から使われていた新課程の教科書は、これを理由とした掲載には間に合わない。そこで次の学習指導要領の改訂に伴う新しい教科書で、満を持して登場したのである。前記の事情で新しい小説を探していた教科書会社にとって、知名度の高い「羅生門」は格好の教材だったことであろう。

なお映画「羅生門」のストーリーの下敷きとなった「藪の中」の方は、女性への暴行と殺人が出てくるので、元々教科書には不向きな話であった。戦前戦後を通して、一度だけ三省堂の「新国語2」が一九八三年に大胆な選定をしたが（八六年・八九年・九二年改訂）、それが最初で最後のケースである。

主題は同じ

一九五七年に「羅生門」を初めて採録した三冊の教科書の中で、数研出版の「日本現代文学選」は、近代の代表的な作家の小説・詩・随筆などを網羅したものであった。「羅生門」は「羅生門の引剝《ひきはぎ》」のタイトルで、老婆が死骸の髪を抜いている理由を下人に説明する少し前から、最後の「下人の行方は誰も知らない」までが載っている。

末尾の［研究］の四に、「下人のほおににきびを持たせた作者の技巧と、そこからかもしだされるユーモアとについて考えよ」とあり、同教科書の「教授資料」には次のように書かれている。

四、老婆に対して冷然としてその話を聞いている下郎、老婆を見くだして軽んじている下郎、太刀に手をかけ、時によっては老婆を切り殺そうとかかっている重大な場面の下郎が、一方の手では実に些細な顔のにきびを気にしているというところにおのずからユーモアがわき出ている。

下人がにきびを気にしていることをユーモアと解釈するのは、にきびを下人の若さ・未熟さ・危うさの象徴とする現代の捉え方とは決定的に異なる。総じて「日本現代文学選」の「研究」は、教材の内容を深く掘り下げるものにはなっていないが、「羅生門の引剝」の場合も作品の主題とは無縁であった。

ところが、明治書院の「高等国語総合2」はそうではなかった。ここでは教科書（全文掲載）の「研究の手引」に「二、作者は下人の取り扱い方に近代性を導入しているが、古代の物語の登場人物と、この下人とを比較してその違いを考えてみよう」とあり、「指導資料」ではそれが次のように解説されている。

古代小説における登場人物が、このような複雑な形で内面的な問題、あるいは社会的な問題で苦しむということはほとんどない。（中略）近代小説はそれが、あくまでも、複雑なものは複雑なままで、その対立・苦悩を描こうとしている。そういった点に留意させたい。それによって、近代の社会や、近代人の性格が本当に描けるのである。

また、「高等国語総合2」は「羅生門」の本文の後に「研究と報告」を設け、この小説の主題を「良心とエゴイズムの葛藤」だとする、ある高校生の「『羅生門』について」

というレポートを紹介している。「指導資料」の〔出典〕にも「羅生門」について、「下人の心理の推移を主題に、人間の生きんがためのエゴイズムをあばいた簡潔端正彫琢をきわめた文章」

とあり、編者が一九五七年の教科書初登場の時から、既に今日と同様な視点で「羅生門」を捉え、教材化したことがうかがえる。

そして「羅生門」だけが残った

さて、ようやく教科書にお目見えした「羅生門」も、すぐに定番小説になったわけではなかった。例えば、一九六〇年に三省堂と明治書院の教科書に載った「羅生門」が、次に両社で選定されるのはそれぞれ一九七〇年と一九七三年のことである。ここで一九六三年実施の新課程の教科書に出てくる各出版社の芥川の小説を見てみよう。

①「ある日の大石内蔵助」東京書籍
②「煙管」日本書院
③「鼻」好学社・尚学図書・大修館書店

④「舞踏会」角川書店
⑤「山鴫」大日本図書
⑥「羅生門」中央図書出版社

この頃の芥川の教科書採録小説は、まさに群雄割拠の状態だったのである。「羅生門」がその生き残りレースから抜け出したのは一九七〇年代で、一九七三年実施の新課程の教科書では、旺文社・第一学習社などが一斉に「羅生門」を選定した。したがって、「羅生門」定番化のスタートはこの年と考えてよいだろう。それでもまだ今のような「羅生門」の一人勝ちではなく、「鼻」（光村図書）・「雛《ひな》」（角川書店）・「舞踏会」（尚学図書・東京書籍）も選ばれていた。つまり、学校サイドの芥川の小説の選択権はまだ留保されていたことになる。

しかし一九八二年実施の次の新課程の教科書では、高校一年生のための芥川の教材はすべて「羅生門」となり（明治書院の「基本国語Ｉ」のように、芥川の小説が不掲載の教科書もあった）、ここに定番小説としての地位は揺るぎないものとなった（筑摩書房は八五年と八八年の改訂の際に、なぜか「羅生門」を「蜜柑」に変えている）。

その後、一九九四年実施の新課程の教科書では、旺文社が「蜜柑」と「舞踏会」、尚学図書が「舞踏会」を採ったので「羅生門」の独占状態は崩れたが、教科書のシェア全体からすれば大勢に影響はなかったと言える。これを最後に高校一年生の教科書から「羅生門」以外の芥川の小説は消え、二〇〇三年と二〇一三年実施の新課程の教科書で、完全な独占状態に至ったのである。

第三章　漱石も驚く一人勝ち――「こころ」

弟子思いの一冊

夏目漱石の「こころ」は、一九一四年（大正三年）に「心―先生の遺書」のタイトルで朝日新聞に連載された。当初、漱石は数種の短編を合わせて「こころ」という小説に仕立てようと構想していたが、「心―先生の遺書」が予定以上に長くなったので、これを上「先生と私」・中「両親と私」・下「先生と遺書」の三部構成にした上で、同年に単行本『こころ』として刊行した。

『こころ』の版元は開業したばかりの岩波書店であった。この頃、漱石の単行本の多くは文学書出版の老舗《しにせ》春陽堂から出ていたが、弟子の岩波茂雄の懇請により、『こころ』は岩波書店から出版されることになった（漱石は岩波に資金援助もしている）。岩波書店の処女単行本ではないものの、最初期の刊行物の一冊である。

　さらに漱石は、資金繰りの苦しい岩波を慮《おもんぱか》って『こころ』を自費出版とし、初めて装丁を自らの手で行った。このことについて漱石は、『こころ』の自序の中で「装幀の事は今迄《いままで》専門家にばかり依頼してゐたのだが、今度はふとした動機から自分で遣つて見る気になつて、箱、表紙、見返し、扉及び奥附《おくづけ》の模様及び題字、朱印、検印ともに、悉《ことごと》く自分で考案して自分で描いた。」と書いている。

　漱石の没後、岩波は恩師の厚情に報いようと、他社を押しのけて『漱石全集』の出版を実現させたが、その最初の全集の表紙は『こころ』の表紙を模していた。以後今日の最新版まで岩波版『漱石全集』の表紙は不変である。

　このように単行本出版の時から「こころ」は異例な存在であったが、現代の高校国語教科書の世界でも、漱石の小説の中でひときわ輝く星となっている。現在「こころ」は高校二年生が学習する「現代文」の定番であり、来年度から使われる新課程の教科書でも、「山月記」と並んで圧倒的な採録数である。

「現代文」は必修科目ではないので習わない生徒も一部いるけれども、全国の多くの高校において、二学期以降の国語の授業で「こころ」が取り上げられる。そう、「羅生門」

が高校一年の一学期の教材として配置されていたのと同様に、「こころ」は大概高校二年の二学期以降の教材とされているのだ。その理由は、「羅生門」の場合の「忙しい教員を救済するため」とは異なり、「『こころ』の全文を事前に読んでくることを夏休みの宿題にするため」とされる。

確かに、しばしば教科書の末尾には「小説『こころ』全編を読んで、感想を書いてみよう」(明治書院「新精選現代文1」)的なことが書いてある。また筆者が調べた限りでも、公立私立を問わず「こころ」を夏休みの課題図書としている高校は多く、ネット検索でも「夏目漱石・こころ・夏休み・課題図書」でたくさんヒットする。直接の関係は知らないが、新潮社の夏のキャンペーン「新潮文庫の100冊」でも、一九七六年の開始以来『こころ』は三十七年間常に選ばれているという。

定番は「草枕」

ところが「羅生門」と同じように、かつては「こころ」を教科書の教材として使いたくても使えない時代があった。これからは、まず戦前の教科書における漱石の小説の受容史を見ていこう。

『中等学校国語科教材史研究』の第四章「夏目漱石作品の教材化の状況とその史的役割」によれば、漱石の作品が戦前の国語教科書に掲載され始めたのは一九〇六年（明治三十九年）頃からで、同年刊行の高等女学校用教科書『再訂女子国語読本』（吉田弥平他編、金港堂）に「吾輩は猫である」より「鼠を窺《うかが》う」が採られているらしい。「吾輩は猫である」は、一九〇五年一月から雑誌『ホトトギス』の連載が始まった。「鼠を窺う」はその第五章の一節で、同年七月の『ホトトギス』第八巻第十号に掲載後、同年十月の『吾輩ハ猫デアル』上巻に収録されている。

発表後一年くらいで教科書に載るのは随分早い印象だが、これには事情があったように思える。「鼠を窺う」は猫が鼠を捕ろうとして失敗する話だが、中に日露戦争や東郷平八郎が頻繁に出てくるし、「吾輩は日本の猫だから無論日本贔屓《びいき》である」といった表現もあるのだ。日本海海戦が一九〇五年五月、ポーツマス条約調印が同年九月だから、漱石はまさに最新のニュースを小説に織り込んでいたわけである。そしてそのホットな内容を、出版社もいち早く教科書に入れることを意図したのであろう。

もっとも「吾輩は猫である」の教科書掲載は、旧制中等学校三年生まで（現在の中学生）が大多数であった。四・五年生（現在の高校一・二年生）向けの小説は「草枕」が断然トップで、以下「虞美人草《ぐびじんそう》」「倫敦塔《ロンドンとう》」と続いていた。「草枕」は三年生までの教科書でも一番多く選定されていたから、この時代の定番小説と呼ぶことができよう。

「草枕」の採録箇所は、一・二年生向け、三年生向け、四・五年生向けのそれぞれの教科書で大体三分割されていた。一・二年生向けは第二章「峠の茶屋」（教科書上のネーミング、以下同じ）で、会話文が多く読みやすい。三年生向けは第十一章「山里の朧《おぼろ》」で、四・五年生向けが冒頭の「山路を登りながら、こう考えた。智に働けば角が立つ。情に棹《さお》させば流される。意地を通せば窮屈だ。兎角《とかく》に人の世は住みにくい」で有名な第一章「東洋の詩境」である。

無視された小説群

興味深いことに、戦前の教科書に載った漱石の小説は「夢十夜」までで、その次に朝日新聞に連載された「三四郎」以降は一切出てこない。つまり「それから」も「門」も「道草」も「明暗」も、そして肝心の「こころ」も採録されなかった。随筆は「三四郎」よりも後の「永日小品」「思ひ出す事など」から、晩年の「硝子戸の中《うち》」までむらなく登場するので、小説の選定について違和感を覚えずにはいられない。

大正時代半ばからの教科書における小説選定の指針については第二章に書いた。この時代は、「日本の国体及び民族の美風を記し、国民性を発揮させるもの」、「健全なる思想を述べ、道義的観念を涵養するもの」を前提として、「文学的趣味に富み、心情を高雅にする」ことが求められていた。したがって戦前を通して「坊っちゃん」の採録が極めて少ないのは、主人公の言動が痛快ではあるが、当時の理想の教師像とはほど遠いことから納得がいく。

それでは「三四郎」以下の小説はどうか。確かに「それから」「門」「行人」「明暗」と見ていくと、漱石の中期・後期の小説は道ならぬ恋やドロドロした恋模様を描いた作品が多い。また「こころ」は恋のために友人を死に追いやる話である。だから「羅生門」と同様に「健全なる思想を述べ、道義的観念を涵養する」という観点から不適格とされたのだろうか。

ただ、漱石の小説は「羅生門」と違っていずれも長編小説だから、教材に都合のよい場面はいくらでもあるだろう。作品全体が、教科書に不適格と烙印《らくいん》を押されるほど反社会的で不健全だとは思えない。また「三四郎」や「彼岸過迄」などは、「虞美人草」と比べてもマイナス面はなさそうだ。にもかかわらず、漱石の代表作の多くが教材として採られなかったのはなぜか。

岩波ですら落選

そのヒントになると思われるのが、一九三四年（昭和九年）に岩波書店から刊行された教科書「国語」全十巻（一九三七年改訂）である。全国の旧制中学校で広く用いられたこの本は、一学年二巻という編成なので、現在の高校一・二年生に当たる四・五年生が使用するのは巻七から巻十だった。そこに出てくる近代の日本人による小説は以下の通りである。

①「戯作三昧」芥川龍之介（巻七）
②「寒山拾得」森鷗外（巻七）
③「草枕」夏目漱石（巻八）
④「金色夜叉《こんじきやしゃ》」尾崎紅葉（巻十）
⑤「五重塔」幸田露伴（巻十）
⑥「高瀬舟」森鷗外（巻十）

なお、一年から三年の教材には「草枕」（巻二）、「文鳥」（巻四）、「夢十夜」（巻五）と漱石の三作品が掲載されている。つまり「草枕」は一年と四年の二学年に登場することになる。もちろん掲載場面は異なっていて、前者は第二章「峠の茶屋」、後者は第一章「東洋の詩境」だが、これらは大正時代の教科書と学年配当も同じで新味がない。

また四・五年生向けには、小説以外にも「ケーベル先生」（巻七）と「思ひ出す事など」（巻十）があるから、全学年の教材に漱石は取り上げられている。さらに巻十の巻頭の口絵も漱石の絵「閑来放鶴図」で、まさに別格の扱いであり、岩波茂雄の大恩ある師への並々ならぬ肩入れがうかがえる。

ただ、教科書の世界で漱石が特別の存在感を示したのは「国語」が初めてではなかった。既に、大正末期の定評ある教科書「国文新選」（垣内松三他編、明治書院）十巻本においても、漱石は八点も採られてトップだった。しかも巻四の「猫の臨終」などユニークな採録がなされている。

したがって、「国語」でも従来にない作品の選び方が期待されるところであった。しかも「国語」の編者の西尾実は、一九二五年から教鞭をとっていた成蹊高等女学校で

「漱石小説の研究」を講じていたほどの人物なのだ（安良岡康作『西尾実の生涯と学問』、二〇〇二年、三元社）。

ところが「国語」では、四・五年生向けの教材を採録するにあたり、随筆は「ケーベル先生」と「思ひ出す事など」という従来一般的ではないものを掲載しているのに、唯一の小説は最もありきたりな「草枕」を選んでいる。一年から三年生向けの小説も「草枕」と「夢十夜」だからまるで新鮮味に欠ける。岩波茂雄は「理想的な教科書の出版に向かって邁進《まいしん》すべきを決意」（「教科書刊行について」一九三四年十二月）して「国語」を編纂したにもかかわらず、一番重要な師漱石の小説についてはお茶を濁してしまったわけだ。

思うに、それまで教科書出版に消極的だった岩波書店が大きな決意を秘めて発行した「国語」において、最もふさわしい漱石の小説は「こころ」だったはずである。いや「こころ」でなければならなかったと言うべきか。

前述の通り、単行本『こころ』を当時無名の岩波書店が出版できたのは、ひとえに漱石の厚情の賜物《たまもの》であった。『こころ』は一九二七年に創刊された岩波文庫でも第一回発売書目に名を連ね、以後今日まで売れ続け、発行部数は第五位（二〇一二年十二月現在、第一位は『ソクラテスの弁明・クリトン』、第二位は『坊っちゃん』）である。そして、二〇一二年に岩波書店が実施した「読者が選ぶこの一冊」では、岩波文庫の第一位に輝いた。百年の時を超え（二〇一四年に「こころ」刊行百年になる）、いまだに岩波書店と「こころ」は表裏一体の関係なのだ。

だからこそ「こころ」は当然「国語」に入るべき小説であった。何も今日の教科書に必ず載っているKの自殺する場面である必要はない。軍国主義が進み、国民精神の統一に貢献することが求められた昭和初期の教科書教材でも、「こころ」から抜粋できる部分はあったはずだ。しかし岩波書店はそれをしなかった。そして、「こころ」の後で自社から刊行した「道草」や「明暗」もまた選ばなかったのである。

旧制高校生の愛読書

このように、漱石崇拝の総本山たる岩波書店ですら、「国語」に「三四郎」以降の小説を採録しなかったのはどうしてか。それはおそらく中学生が読むべき作品だと考えていなかったからであろう。言葉を換えて言えば、それらの小説は当時の旧制高校生（年齢的には現在の高校三年生から大学二年生くらい）が読んで理解する内容だと認識されていたということである。
旧制高校は、戦前の日本にあって該当年代の男子の概ね《おおむ》一％未満が入学し、原則としてどこかの帝国大学に進学できる超エリート校であった。そこでは大正時代から教養主義文化が根づき、教養の習得のための読書が広く浸透していた。好んで読まれたのは、西田幾多郎の『善の研究』、倉田百三の『愛と認識の出発』、阿部次郎の『三太郎の日記』などだが、『漱石全集』もまた彼らの愛読書の一つであった。戦後一九四六年に『日本読書新聞』が行った「再刊希望図書調査」でも、『漱石全集』は第二位（第一位は『三太郎の日記』）にランクインしている。

実は旧制高校の教養主義は、阿部や『古寺巡礼』の和辻哲郎など、漱石の弟子たちがその一翼を担っていた。彼らは著者として、または教師として学生を知の世界に誘《いざな》ったのだが、出版を通して影響を与えた人物もいた。岩波茂雄である。外国文学を中心に、岩波文庫は高校生の座右の書となってその教養の形成に寄与した。

それでは『漱石全集』の中で、高校生が教養を高めるために読むべき小説は何か。学生たちが中学校の教科書で習った「吾輩は猫である」や「草枕」や「虞美人草」は除外されよう。読むべき小説は西田や倉田の作品と同様に、人間の本質を探り、深層心理を照らす内容のものであるはずだ。すなわち、「こころ」を中心とした漱石の中期から後期の小説群である。

ゆえに岩波茂雄もまた、「こころ」は高校生が読むレベルのものだと考え、中学校の教科書に載せることなど想像もしなかったのではないか。もし彼にそんな提案でもしたら、「弟子の書いた『三太郎の日記』や『古寺巡礼』が高校生向けで、漱石先生の『こころ』が中学生向けのはずがないだろう」と一蹴されてしまったかもしれない。

この説に対しては、「戦前の一握りのエリートが進学した旧制中学校で『こころ』を読むのが時期尚早だとしたら、進学率が九七％を超え、昔よりも格段に国語力の低い現代の高校生が『こころ』を読むのはおかしいではないか」と反論されそうである。まことにもっともな指摘だと思う。しかし、その「おかしい」ことが現実に起こっているのが現代の教科書の世界なのだ。

例えば、戦前から現在まで高校の教科書に採録されている鷗外の「高瀬舟」は、近年中学校の教科書でも目にするようになったし（一時は鷗外の作品が「消えた」と騒がれたのに）、一九六〇年前後に盛んに高校の教科書に採られた太宰治の「走れメロス」は、今や中学校の教科書の定番小説である。また高学年向け教材が低学年向けに移ることも多々ある。

このように、「ゆとり教育」で学力低下が叫ばれていながら、実は教科書教材は定食化と共に低年齢化も進んでいるのだ。だからトップエリートだった旧制高校生（しかも高学年は今の大学生）の愛読書の「こころ」が、現代の高校の教科書に載っているとしても、それ自体はなんら不思議ではない。もちろん大いに問題はあるが。

いずれにせよ、「こころ」は旧制中等学校の教科書では出番がなかった。その文章を高校生が教室で目にするのは、戦後になってからのことである。

異なっていた掲載場面

戦後、最も早い時期に高校国語教科書に載った漱石の小説は「三四郎」であった。『読んでおきたい名著案内　教科書掲載作品13000』によれば、「三四郎」は一九五〇年に秀英出版の「われわれの国語（一）」、成城国文学会の「現代国語三上」に登場し、その後も新泉書房の「高等国語新泉3下」（一九五一年）、大修館書店の「高等国語（二下）」（一九五三年）などに選定された（年号は使用開始年、以下同じ）。教科書に採録される小説がまだ限定的だった時代にあって、「三四郎」の「健闘」は異彩を放っている。

さらに、高校国語科の目標に「読解力を豊かにし、特に鑑賞力や批判力を伸長させる」と記された一九五六年実施の学習指導要領の改訂によって、漱石の「三四郎」以降の小説も教科書に出てくるようになった。「こころ」もまさにその中の一つで、一九五七年に清水書院の「高等国語二」で教科書の世界にデビューした。奇《く》しくも「羅生門」と同じ年である。

この「高等国語二」において、「こころ」は「先生とわたくし」というタイトルで採録された。冒頭に「あらすじ」があるのは今の教科書の原型とも言えるが、抜粋されている場面は異なる。

すなわち、現在は「下　先生と遺書」四十章冒頭の「ある日私は久しぶりに学校の図書館に入りました」から、四十八章最後の「そうして振り返って、襖《ふすま》にほとばしっている血潮を初めて見たのです」までがすべての教科書に掲載されている（その前後を併せて所収の本もある。なお桐原書店の教科書は、「上」と「下」、さらに「下」も二場面と個性的な編集である）が、「高等国語二」は「上　先生と私」の四章途中から七章までの採録なのだ。

「高等国語二」所収の四章から七章は、「わたくし」が鎌倉で出会った「先生」の東京の家を訪問し、しだいに先生に引きつけられていく場面である。先生は毎月、友人の墓参りに行っているが、そこにはある理由によって人とは一緒に行きたくないし、妻とも行ったことがないという。そして教科書の掲載は、先生が以下のように語るところで終わっている。

「あなたはわたくしに会ってもおそらくまだ寂しい気がどこかでしているでしょう。わたくしにはあなたのためにその寂しさを根元から引き抜いてあげるだけの力がないんだから。あなたはほかの方を向いて今に手を広げなければならなくなります。今にわたくしのうちの方へは足が向かなくなります」

先生はこう言って寂しい笑い方をした。

「下　先生と遺書」のKが自殺する前後の場面ばかり教科書で見慣れている者にとって、「高等国語二」の「上　先生と私」からの選定は非常に新鮮に感じられる。現代の教科書の掲載場面が「下　先生と遺書」に集中している点については、小森陽一氏が小説としての構造から批判しているが、「こころ」の教科書初登場が「上　先生と私」だったのは注目に値する。ただし、なぜ編者がこの場面を採ったのかは定かでない。

編者の思い

また「高等国語二」は末尾の「学習の手びき」もユニークであった。

二、「先生」の墓参りはどういう意味があるか本文を読んだだけで推測してみよう。さらに「こゝろ」全文を読んでその点を検討してみよう。

四、この文は、たとえば「吾輩は猫である」「坊っちゃん」などすでに読んだはずの漱石作品と、何か違った感じを受けないか。受けたとすれば、それはどういう点かを話し合い、「三四郎」「道草」などの作品にも親しもう。

教科書の文章だけから「先生の墓参りの意味」を推測するというのは、かなり乱暴な要求ではあるが、後段の全文を読むことの前ふりなのであろう。「こころ」は教科書デビューの最初から、全文を読むことを期待されていたことがうかがえる。

次に四の「吾輩は猫である」「坊っちゃん」などとの比較からは、編者の「こころ」選定の意図が伝わってくる。「何か違った感じを受けないか」という問いかけには、「こころ」をユーモア小説とは別次元の作品として読んでほしい編者の思いが反映されている。そして「こころ」選定の意図は、教科書の「先生とわたくし」冒頭の「あらすじ」にも鮮明に現れていた。

先生はかつて、自分と血を分けた実のおじに、財産を詐取されたことがある。これが先生の人間への懐疑の出発であった。しかし、これは自己に対する不信の念ではなかった。ところが、先生自身、ある恋愛に関して、自分の親友を裏切る行為を犯すことにより、深い罪の意識と、人間自体が持つエゴイズムに苦悩の毎日を送ることになった。その結果、倫理的見地から自己の存在に全く絶望し、ついに自己の生命を絶ったのであった。

ここに書かれているのは、人間への愛と不信、エゴイズムと倫理感の相克という、まさに「こころ」の主題に他ならない。「あらすじ」の範囲を超えた記述であり、編者の

「こころ」採録への強い意気込みを感じる。ちなみに今日の教科書の

「あらすじ」は、あらすじそのものであり、作品の主題を提示する形はとっていない。

「Kの自殺」の登場

「羅生門」と同じ一九五七年に教科書に載った「こころ」だったが、その後すぐに他社が追随したわけではなかった。清水書院の次に「こころ」を掲載した教科書会社は、一九五〇年代はゼロ、六〇年代も筑摩書房など三社にすぎない。この時代の採録数では、やはり「三四郎」がトップで、その他「草枕」「虞美人草」「野分」「夢十夜」「明暗」など漱石の様々な小説が教科書を彩っていた。

また一九五〇年代後半以降の教科書では、漱石の小説以外の作品も教材として盛んに取り入れられた。それは「硝子戸の中」などの随筆、「私の個人主義」などの評論、俳句や書簡など漱石文学全般に亘り、今日に至る。戦前も同様の傾向にあったが、森鷗外や島崎藤村もそうであって、漱石に限ったことではなかった。しかし、戦後の教科書に幅広いジャンルの作品が採られているのは漱石だけである。

さて、一九六四年から使われた筑摩書房の「現代国語2」を見ると、採録箇所は現在

と同じ「下　先生と遺書」の一部分である。ただし載っているのは、二十三章から五十章を要約し、つぎはぎした無残なしろもので、現在多くの教科書で文末となっている四十八章の最後の一文「私は震える手で、手紙を巻き収めて、再び封の中へ入れました。私はわざとそれを皆《みん》なの眼に着くように、元の通り机の上に置きました。そうして振返って、襖にほとばしっている血潮を初めて見たのです」もカットされている。

翌六五年の実教出版「現代国語三」にはKの自殺を巡る四十章の後半から四十八章までが採られ、以後これが固定化された。この教科書は、一九五五年封切りの映画「こころ」（先生役—森雅之、お嬢さん役—新珠三千代）の写真を随所に挿入した凝った構成で、「指導書」も教科書掲載の部分から「こころ」のテーマを導き出すことには限界があること（「指導のポイント」）や、「こころ」に描かれているのが利己心の発現と罪の問題だけではないこと（「鑑賞」）などが指摘され、なかなかハイレベルである。「こころ」という「新しい」教科書教材に対する執筆者の心意気がここでも感じられる。

「三四郎」「それから」を撃破

「こころ」が定番小説への第一歩を踏み出すのは、一九七三年実施の新課程の教科書からであった。一九七四年には学校図書・明治書院、一九七五年には旺文社・第一学習社などが、それぞれ新規に採録している（新課程の実施は学年進行なので、上級生は開始年度が一年ずつずれる）。ただし、三省堂は「三四郎」、角川書店と東京書籍は「それから」と有力出版社が別の小説を選んでおり、定番化の歩みは「羅生門」よりも遅い。また「こころ」を学習する学年も、高校二年と三年に分かれていた。

それでは、「羅生門」の定番化が確定した一九八二年実施の新課程の教科書ではどうだったか。ここでは角川書店・大修館書店・東京書籍も「こころ」を載せ、高校二年生向けの定番小説としての地歩はほぼ固まったと言えよう。

だが、この当時の「こころ」の採録には「羅生門」と異なる点があった。それは、「羅生門」は定番化の過程で他の芥川の小説を教科書から駆逐していったが、「こころ」は漱石の他の小説と共存が図られたということである。一九九四年実施の新課程の教科書を例に取ると次のようになっている。

①旺文社　「高等学校国語２」―「こころ」

「新国語２」―「夢十夜」

②教育出版　「国語2」―「こころ」
「新選現代文」―「吾輩は猫である」
③三省堂　「明解国語2」―「こころ」
「現代文」―「それから」
④尚学図書　「高等学校新選国語二」―「こころ」
「新選現代文」―「それから」
⑤第一学習社　「高等学校現代文1」「高等学校国語二」―「こころ」
「高等学校新現代文」―「三四郎」

このように時代が平成に変わってからも、選択の幅はいささか狭くなったものの、まだ「こころ」以外の小説の載った教科書を選ぶ余地は残っていたことがわかる。その可能性がほとんどなくなったのは二〇〇三年実施の新課程の教科書以降で、遂に「三四郎」と「それから」も完全に姿を消した（唯一の例外は、右文書院の「新選現代文」採録の「草枕」である）。前述のように、高校一年生用の「国語総合」には「夢十夜」がかなり採られているが、ここに高学年向けの小説は「こころ」が制圧したのである。

小説以外の漱石の作品は、八〇年代から今日まで評論「現代日本の開化」が主に高学年用の教科書で採録を増やしているので、現代の高校生も「こころ」とは別の漱石文学に接する機会がないわけではない。しかし、全体に占める「こころ」の比重はあまりにも大きい。これを知ったら、おそらく草葉の陰で漱石は苦虫をかみつぶしたような顔をし、岩波茂雄は苦笑するであろう。

第四章　鷗外の影が薄くても生き残る――「舞姫」

文壇のカリスマ

今でこそ、近代文学を代表する作家と言えば誰もが夏目漱石を思い浮かべ、国民的作家として他の追随を許さない存在だが、かってはそうではなかった。谷崎潤一郎は「日本の文学は幼稚ではあるが、しかし明治以降の作家を数へても漱石氏よりずつと偉い人が少なくとも二三人は居る筈である。決して同氏を評して最大とする訳には行かない」（『芸術一家言』）と語っている。この時彼の脳裏にあったのは、紅露逍鷗や島崎藤村であったと思われる。

紅露逍鷗とは尾崎紅葉・幸田露伴・坪内逍遥・森鷗外の略称で、近代文学の黎明期に活躍し、後世に大きな影響を与えた。中でも森鷗外は、翻訳・詩歌・史伝など幅広い分野で偉大な足跡を残し、多くの文学者の尊敬の的となった。人を見る目の厳しい永井荷風も太宰治も三島由紀夫も、みな鷗外を敬愛しているところがすごい。ここでは太宰の傾倒ぶりを見てみよう。

うなだれて、そのすぐ近くの禅林寺に行ってみる。この寺の裏には、森鷗外の墓がある。どういうわけで、鷗外の墓が、こんな東京府下の三鷹町にあるのか、私にはわからない。けれども、ここの墓地は清潔で、鷗外の文章の片影がある。私の汚い骨も、こんな小綺麗な墓地の片隅に埋められたら、死後の救いがあるかも知れないと、ひそかに甘い空想をした日も無いではなかったが、今はもう、気持が畏縮してしまって、そんな空想など雲散霧消した。私には、そんな資格が無い。立派な口髭を生やしながら、酔漢を相手に敢然と格闘して縁先から墜落したほどの豪傑と、同じ墓地に眠る資格は私に無い。お前なんかは、墓地の択《よ》り好みなんて出来る身分ではないのだ。はっきりと、身の程を知らなければならぬ。私はその日、鷗外の端然たる黒い墓碑をちらと横目で見ただけで、あわてて帰宅したのである。

（太宰治「花吹雪」）

そして太宰は死後、鷗外と同じ禅林寺に、しかも鷗外の墓の斜め前に葬られた。毎年六月十九日の桜桃忌には大勢の太宰ファンが訪れるが、鷗外の墓には「森林太郎墓」とだけ彫られているので(「墓ハ森林太郎墓ノ外一字モホル可《ベカ》ラス」という遺言が守られた)、それと気がつかない太宰ファンも多いと聞く。小心者の太宰は黄泉《よみ》の国で恐縮していることだろう。

しかし漱石と並んで近代の二大文豪と称された鷗外も、戦後はすっかり影が薄くなってしまった。例えば、今日文庫本で読める点数を漱石と比較すると、新潮文庫では漱石が十七点で鷗外が五点、岩波文庫では漱石が二十二点で鷗外が七点である。新聞その他に様々な形で引用される文章や言葉についてはこれ以上の差があろう。漱石一人が持て囃《はや》される状況もいかがなものかとは思うが、一方で権威主義的で家父長的な鷗外のイメージが敬遠されている面もあるのかもしれない。

エリスの面影

ところが高校国語教科書の世界においては、鷗外はいまだに大きな存在感を持つ作家である。それは「舞姫」があるからだ。この小説は高校三年次の教材として、「現代文」の教科書で定番化している。雅文体という古めかしい文体で、しかもおよそ教科書にふさわしくない内容（主人公が留学先で知り合った少女を妊娠させた上に、逃げるように帰国してしまう）にもかかわらず、採録され続けている不思議な小説と言えよう。多くの生徒は高校二年で「こころ」、三年で「舞姫」を半ば必修の形で読まされるから、教科書の中ではいまだに鷗外は漱石と肩を並べる存在なのだ。

「舞姫」は、一八九〇年（明治二十三年）一月に雑誌『国民之友』一月号に掲載され、一八九二年刊行の単行本『美奈和集』に収録された。周知の通り、鷗外のドイツ留学時の体験がもとになった小説で、「うたかたの記」「文つかひ」と並ぶいわゆるドイツ三部作の一つである。

「舞姫」と言えば、すぐに思い浮かぶのが「モデル問題」であろう。作中の少女エリスのモデルとなった女性の正体を巡って、今もなお諸説入り乱れた状況だが、今日事実として確認されているのは、

①エリーゼ・ヴィーゲルトという女性が鷗外の後を追って来日したこと
②彼女が鷗外とその家族に数回面会した後、三十五日後に帰国したこと

である。そしてエリーゼ問題の対応にあたった鷗外の妹小金井喜美子は、「誰も誰も大切に思って居るお兄《に》い様にさしたる障りもなく済んだのは家内中の喜びでした」(『森鷗外の系族』)と書き残した。鷗外の生前にエリーゼの件が公けになることはなく、森家の名誉と鷗外の立身出世のため闇に葬られたのは間違いない。

エリーゼの来日に前後して海軍中将の娘赤松登志子との結婚話が進み、彼女の帰国の四か月後に結婚した鷗外は、その年に新婚の家で『舞姫』を書き、翌年発表、さらに長男が生まれた後に離婚した。なにやら意味深な流れではある。

鷗外自身はエリスのモデルについて終生沈黙を守ったが、その死後、長男の於菟《おと》は「一生を通じて女性に対して恬淡《てんたん》に見えた父が胸中忘れかねていたのはこの人ではなかったか」(『父親としての森鷗外』)とし、次女の小堀杏奴《あんぬ》は母親からの聞き書きとして、「この女とはその後長い間文通だけは絶えずにいて、父は女の写真と手紙を全部一纏《ひとまとめ》にして死ぬ前自分の眼前で母に焼却させた」(『晩年の父』)と書いている。

子ども二人の記述は伝聞・推測にすぎないけれども、鷗外はエリーゼとおぼしき女性を小説で描いたことがたびたびあり(「ヰタ・セクスアリス」「桟橋」「普請中」)、さらに日露戦争従軍中には次のような歌も残している。

扣鈕（ぼたん）

南山の　たたかひの日に
袖口の　こがねのぼたん
ひとつおとしつ
その扣鈕惜し

べるりんの　都大路の
ぱつさあじゆ　電燈あをき
店にて買ひぬ
はたとせまへに

えぽれつと　かがやきし友
こがね髪　ゆらぎし少女《おとめ》

はや老いにけん
死にもやしけん

はたとせの　身のうきしづみ
よろこびも　かなしびも知る
袖のぼたんよ
かたはとなりぬ

ますらをの　玉と砕けし
ももちたり　それも惜しけど
こも惜し扣鈕
身に添ふ扣鈕

この歌を作ったのは一九〇四年で、鷗外のドイツ留学は二十年前の一八八四年から始まっている。「はたとせまへ」に留学先で出会った少女の面影を、陣中で人知れず鷗外は追い求めていたのである。

古くさい文体

それでは、この「舞姫」はいつから教科書の定番となったのか。「羅生門」「こころ」と同じように、戦前の鷗外の小説の教科書受容史から見ていこう。『中等学校国語科教材史研究』によれば、鷗外の作品が旧制中等学校の教科書に登場するのは一九一一年（明治四十四年）頃からである。やはり同年の「中学校教授要目改正」で、「文学的趣味に富み、心情を高雅にするもの」が教材の条件とされたことの影響であろう。ここではドイツ三部作の一つ「うたかたの記」などが採録された。

鷗外は西洋詩の翻訳で早くから名を馳せた人であるが、教科書に採られたのは同じ翻訳でも小説が多く、特に「即興詩人」が抜きん出ていた。アンデルセンの原作をしのぐと言われる鷗外訳の「即興詩人」は多くの日本人を魅了し、若者はこの作品を読んでイタリアへの憧れを募らせた。教科書掲載の代表的な場面を挙げてみよう。

熔岩は月あかりにて見るべきものぞとて、我等は暮に至りてヱズヰオに登りぬ。

レジナにて驢《うさぎうま》を雇ひ、葡萄圃、貧しげなる農家など見つゝ騎《の》り行くに、漸くにして草木の勢衰へ、はては片端《かたわ》になりたる小灌木、半ば枯れたる草の茎もあらずなりぬ。夜はいと明《あか》けれど、強く寒き風は忽ち起りぬ。将《まさ》に没せんとする日は熾《さかり》なる火の如く、天をば黄金色ならしめ、海をば藍碧色ならしめ、海の上なる群れる島嶼《とうしょ》をば淡青なる雲にまがはせたり。真に是れ一の夢幻界なり。

鷗外自身の作品としては歴史小説が好まれたようで、低学年向けには「山椒大夫」がトップで次に「安井夫人」、高学年向けには「高瀬舟」がトップで次に「寒山拾得」が選定されている。その他も「護寺院原の敵討」「阿部一族」など歴史小説からの採録は幅広い。ただ現代小説も、「木精」と「鎚一下《つちいっか》」の二作は高学年でそれなりに掲載され、他にもいくつか教材となった。

ところが、「舞姫」は戦前に教科書に載ることはなかった。その理由としては、主人公の少女に対する仕打ちが教科書教材の条件の一つ（健全なる思想を述べ、道義的観念を涵養するもの）に抵触するから、という説がすぐに浮かぶ。ただ国家や家と恋愛の板挟みになり、遂には前者を選択した主人公の決断は、戦前の社会ではむしろ適正な判断だと評価される余地がありそうだ。そうであるならば、「舞姫」が教科書から除外される理由にはならないことになる。

思うに、「舞姫」が採録されなかったのは内容の問題ではなく、むしろ文体の問題ゆえだったのではないか。前述のように、戦前とりわけ明治の国語教育は、「国語及漢文」「国語漢文」の名の下に漢文主体の時代が長く続いた。それが次第に見直され、一九〇二年の文部省の訓令「中学校教授要目」では、例えば第四学年で「国語漢文ヲ課スル比ハ国語六、漢文四ニシテ国語ハ今文二、近世文一、近古文一ノ比」とされた。

そこで近代の小説は当然、「国語」の中の今文（近代の文章）の教材として選ばれるべきものだったはずだ。ところが「舞姫」は雅文体による作品である。今ではそのことに教科書掲載の意義を認める節もあるが、明治や大正の日本では、言文一致の口語体で文章を書くことが新しい小説の持つ重要な要素であった。ゆえに雅文体の「舞姫」は、「国語」の教科書教材には「古い小説」として忌避されたのではないだろうか。同じ文体の「うたかたの記」も教科書から早々に姿を消し、「文つかひ」は不採録であることもそれを裏付けている。

自我の覚醒と挫折

戦後になると、鷗外の小説は比較的早い時期から高校の国語教科書に登場する。『読んでおきたい名著案内　教科書掲載作品13000』によれば、一九五〇年に「寒山拾得」が三省堂の「新国語われらの読書三」に載り、他の教科書にも五〇年代に盛んに取り上げられた。また「安井夫人」も同様に五〇年代前半から多く採られている。いずれも戦前からの採録状況を踏襲したものだが、漱石・芥川よりも小説の掲載頻度の高いことが注目されよう。

「舞姫」が教科書教材に名乗りを上げたのは、五〇年代後半の一九五七年で、

①教育出版「標準高等国語総合編2」
②清水書院「現代文新抄　全」
③数研出版「日本現代文学選」

と一挙に三社に選定された。「羅生門」「こころ」と同じ年であり、一九五六年実施の学習指導要領の改訂がここでも大きな原動力となったのであろう。

この中で数研出版の「日本現代文学選」は、第二章で紹介した「羅生門の引剣」と同時収録ということになる。「舞姫」は「エリス」のタイトルで、主人公太田豊太郎とエ

リスの出会いの場面だけが掲載されている。まだ二人は恋仲にもなっておらず、「舞姫」の主題とは全く関わり合いのない教材と言えよう。末尾の［研究］も、「二　薄暗いベルリンの街や、エリスの家の室内のこまごまとしたリアルな描写がどのように行われているかを指摘せよ」とか、「三　この古めかしい雅文に近代感覚を盛った鷗外の手腕の凡でないことを考えよ」といったものであった。

それに比べ教育出版の「標準高等国語総合編２」は、「舞姫」を「近代文学の成立」という単元に据え、本文こそ大幅なカットやつぎはぎはあるが、太田豊太郎が煩悶の末にエリスを捨てて帰国する部分を中心に掲載している。また、末尾の「研究」には以下の課題が提示されていた。

(1)この作品の主題はなにか、簡明にまとめてみよう。
(2)この作品には近代知識人の理想と現実、自我の目覚めと屈折がどのように扱われているか。
(3)この文から読みとった主人公豊太郎の性格・心理・行動について話しあってみよう。

今日の教科書とそのまま置き換えられる「研究」であり、編者の採録の意図はやはり自我（エゴイズム）の問題にあったことがわかる。そして一九六〇年代には、それをより鮮明にした教科書も現れた。

人間関係が主として上下の関係に組み込まれていた封建社会においては、「自我」は全く無視され、あるいは圧伏されていた。それが重要な問題として登場するのは、近代社会の到来を待たねばならなかった。

日本における自我の覚醒は、ヨーロッパ先進文化との出会いによって触発されたのである。鷗外がそれを経験したのは、ヨーロッパの自由な空気を吸った結果であり、漱石の場合も同様であった。

近代社会の進展は、ある意味では、自我の覚醒及び形成の歴史であった。それを最も鋭敏にとらえ、作品として造型することができたのは、すぐれた文学者たちであった。

とは言え、自我の形成は、日本という現実の風土の中で遂行されなければならなかった。したがって、日本の近代の小説には、その苦悩や屈折の姿が歴々と跡をとどめているのである。われわれは、近代小説史の三つのピークをなす鷗外・漱石・直哉の作品にその跡を探り、すぐれた文学者の魂の呼びかけに耳を傾けたいと思う。

以上の文章は、六五年の三省堂「現代国語三」で「舞姫」の前に掲げられ、ここでは単元の意図が明確に「自我の覚醒と挫折」であることが語られている。ちなみに、ここで「舞姫」と共に採られたのは漱石の「三四郎」と志賀の「城の崎にて」であった。なお六三年実施の新課程で初めて「現代国語」が科目となったが、この三省堂「現代国語三」の意義については、佐藤泉氏の『国語教科書の戦後史』（二〇〇六年、勁草書房）の「第三章　占領の影響　3　近代から現代へ」に詳しい。

定番化と多様化

「舞姫」は、六〇年代に多くの教科書で「寒山拾得」と「安井夫人」に取って代わり、高校高学年向けの教材として早くも定番化への一歩を踏み出した。そのスピードは「羅生門」「こころ」と比べてもむしろ早かったのである。

「舞姫」の定番化がほぼ確定したのは一九八〇年代前半で、明治書院が八一年、第一学習社と東京書籍が八三年にそれぞれ初めて「舞姫」を選定した。そして二十一世紀に入ると、すべての版元のいずれかの教科書に必ず「舞姫」の名前を見ることができるようになった。ただ「こころ」が、二〇〇三年実施の新課程の高学年用教科書で漱石の他の小説を葬ったのと異なり、鷗外の「舞姫」以外の小説はバラエティーに富んでいた。

①右文書院　「現代文」―「舞姫」
　「新選現代文」―「普請中」
②旺文社　「高等学校現代文」―「舞姫」
　「高等学校現代文」―「文つかひ」
③教育出版　「精選現代文」―「舞姫」
　「現代文」―「高瀬舟」
④桐原書店　「探求現代文」―「舞姫」
　「展開現代文」―「じいさんばあさん」
⑤三省堂　「高等学校現代文」―「舞姫」

「新編現代文」―「高瀬舟」
⑥大修館書店「精選現代文」「現代文2」―「舞姫」
「新現代文」―「高瀬舟」
⑤東京書籍「精選現代文」「現代文2」―「舞姫」
「新編現代文」―「最後の一句」

この鷗外小説の多様化の理由については、第六章で述べることにする。

「高瀬舟」の存在感

ところで、多様化している鷗外の小説の中でとりわけ健闘が目立つのが「高瀬舟」である。戦前の教科書でも、中学校高学年（現高校生）向け教材として最も採録されていた「高瀬舟」は、一九五六年に戦後の再デビューを果たすと、六〇年代は各社で掲載が続いた。時期的には「舞姫」と共通性があり、一年生向けは「高瀬舟」、上級生向けは「舞姫」と大体の棲み分けができていたことになるが、一社の教科書で両方を選定した例はないようだ。

七〇年代以降、「高瀬舟」の採録数は漸減《ぜんげん》したが、九〇年代以降、複数の教科書会社が「舞姫」と共に採るようになった。現在使用されている教科書では、教育出版の「現代文改訂版」のように「こころ」と並べて掲載しているところもあるし、大修館書店は新課程の高校一年生「国語総合」の「現代文編」で選定した。さらに前述のように、中学校の教科書でもシェアの大きい光村図書出版が中学三年生の教材に選んでいるから、「高瀬舟」は中学三年生から高校全学年に亘り広範囲に読まれているわけだ。

鷗外は「高瀬舟」に関して、この小説を発表した一九一六年に「高瀬舟縁起」で次のように語っている。

　私はこれを読んで、その中に二つの大きい問題が含まれていると思った。一つは財産というものの観念である。銭を持ったことのない人の銭を持った喜びは、銭の多少には関せない。人の欲には限りがないから、銭を持ってみると、いくらあればよいという限界は見いだされないのである。二百文を財産として喜んだのがおもしろい。今一つは死にかかっていて死なれずに苦しんでいる人を、死なせてやるという事である。人を死なせてやれば、すなわち殺すということになる。どんな場合にも人を殺してはならない。『翁草』にも、教えのない民だから、悪意がないのに人殺しになったというような、批評のことばがあったように記憶する。しかしこれはそう容易に杓子定木《しゃくしじょうぎ》で決してしまわれる問題ではない。ここに病人があって死に瀕《ひん》して苦しんでいる。それを救う手段は全くない。そばからその苦しむのを見ている人はどう思うであろうか。たとい教えのある人でも、どうせ死ななくてはならぬものなら、あの苦しみを長くさせておかずに、早く死なせてやりたいという情は必ず起こる。ここに麻酔薬を与えてよいか悪いかという疑いが生ずるのである。その薬は致死量でないにしても、薬を与えれば、多少死期を早くするかもしれない。それゆえやらずにおいて苦しませていなくてはならない。従来の道徳は苦しませておけと命じている。しかし医学社会には、これを非とする論がある。すなわち死に瀕して苦しむものがあったら、らくに死なせて、その苦を救ってやるがいいというのである。これをユウタナジイという。らくに死なせるという意味である。高瀬舟の罪人は、ちょうどそれと同じ場合にいたように思われる。私にはそれがひどくおもしろい。

「高瀬舟」が現在の教科書でこれだけ命脈を保っている理由は、第一義的には「高瀬舟縁起」に書かれた二番目の問題による。「安楽死」の問題は決して解決していないし、「尊厳死」や「延命の拒絶」が社会的関心を呼ぶ超高齢化の現代日本において、今後一層クローズアップされる課題であろう。そうした今日的問題に直結した小説を、教科書が（教科書会社が）好むのは必然である。

さらに「高瀬舟」にはもう一つ、「高瀬舟縁起」のいう一番目の問題も存する。それは「知足」、すなわち分相応のところで満足するというテーマである。この部分の鷗外の文章は、「安楽死問題」に比べて極めてあっさりしているが、内包する問題の重さは劣るものではない。もちろん「知足」は金銭的な事柄だけの話ではないけれども、人間社会ではあらゆる物欲の中でも金銭欲が占める比重は大きく、事実鷗外も「財産」に話を限定している。

ここでの鷗外の真意は、当時の国の対外政策（対華二十一箇条要求）批判だったという説もあるが、ここではそこまでは踏み込まない。見逃せないのは、金銭欲を中心とした「知足」もまた、拝金主義に毒されがちな現代社会の中で教科書の格好の素材となるということである。著者本人がテーマに掲げる二つの問題が、時代の抱える課題と合致しているのだから（しかもその課題は容易に解決できない）、「高瀬舟」は今後とも教科書教材として、中学・高校いずれにせよ存在感を保ち続けるであろう。

第五章　定番小説はなぜ「定番」になったのか

エゴイズムと道徳教育

第二章から第四章まで見てきた「羅生門」「こころ」「舞姫」の高校国語教科書への採録と定番化の過程には、驚くほどの共通項があった。

①戦前の掲載はない。
②戦後、しかも一九五七年から教科書に採られている。
③採録にあたっては、当初から小説の主題（エゴイズムあるいは自我の問題）が重視されていた。
④定番化が確立したのは一九八〇年代である。

⑤定番中の定番としてほぼ独占状態になったのは、二十一世紀に入ってからである。

これだけ共通点があると、三つの作品の教科書への選定と定番化に、何か同じ理由があると考えたくなるのが普通であろう。そして既に、これに関して二つの説が公けにされている。本章では、まずこの二説について検証することから始めたい。

最初の説は石原千秋氏によるもので、『国語教科書の思想』の第一章「『読解力低下問題』とは何か」の中の「『定番教材』の思想」に詳しい。ここで石原氏は、「定番教材」の「定番教材」たるゆえんには「国語教科書が隠している思想が現れている」し、さらに「国語教育に関する根本的な『誤解』が、この問題をめぐって集中的に現れている」として、次のように述べている。

『羅生門』も『山月記』も『こころ』も『舞姫』も、「エゴイズムはいけません」といういかにも道徳的なメッセージを教えることができる教材なのだ。戦後の学校空間で行われる国語教育は、詰まるところ道徳教育なのである。もう少し自由な入試国語とて、決して例外ではない（このことは、これまでも入試国語に関わる本の中で何度も繰り返して具体的に指摘しておいた)。だから、大枠で「エゴイズムはいけません」といういかにも道徳的なメッセージを教えることができるこれら四編の小説は、まさに国語教材として打ってつけなのである。

たとえば、先の四編の「定番教材」は、現在の国語教育ではこんな風に読まれるのが一般的だろう。

『羅生門』では、生きるために強盗になろうとする青年(「下人」)を解雇された青年)が、強盗をするかどうしようか迷う心の葛藤の中心に「エゴイズム」の問題がある。『山月記』では、自分の詩作のためには家族をも顧みないような「エゴイズム」が、主人公を虎の姿に変えてしまったということになりそうだ。『こころ』は、改めて言うまでもなく、友情と恋愛とを天秤に掛けて、恋愛を取った〈先生〉の「エゴイズム」が問題とされる。『舞姫』もある意味では同様で、立身出世と恋愛とを天秤に掛けた主人公が立身出世を取った「エゴイズム」が、「近代的自我」の未熟さを証明していることになるはずである。

こんな具合に、どこかに道徳的な教訓が含まれていることが、「定番教材」の条件なのである。ただ「読んで楽しい」だけでは、授業にならないのである。国語教育は「正しい生き方」を教える、「教訓」が付き物の「お説教」臭い科目でなければならないらしい。

編者は意図しているか

確かに、「羅生門」「こころ」「舞姫」のいずれも教科書掲載にあたっては（「山月記」は本書では守備範囲外なので言及しない）、一九五七年の初登場の時から主題の「エゴイズム」の問題が強く意識されていた。「羅生門」は「人間の生きんがためのエゴイズムをあばいた簡潔端正彫琢をきわめた文章」（明治書院「高等国語総合2」）であり、「舞姫」では「この作品には近代知識人の理想と現実、自我の目覚めと屈折がどのように扱われているか」（教育出版「標準高等国語総合編2」）が問われている。

しかし、そこでは道徳教育的観点からエゴイズムが否定されたわけでは決してなかった。例えば「高等国語総合2」の「羅生門」の本文の後に付けられた高校生のレポートは、この小説の主題を「良心とエゴイズムの葛藤」と定めて展開されているが、結論として「良心」に軍配を挙げたわけではなく、問題を提起しただけで終わっている。

これは、今日に至るまで管見に入った教科書採録の「羅生門」「こころ」「舞姫」のすべてについて、編者・教科書会社に一致したスタンスである。すなわち、「エゴイズム否定」を鮮明にした編集方針は取られておらず、「指導資料」にも生徒に「エゴイズムは悪いものだ」と指導すべきだとは一切書かれていない。そこではただ、小説の主題としてのエゴイズムが様々な角度から問題提起され、「このことについて、生徒の考えをまとめさせる」といった指導方針が示されるだけなのだ。

だから石原氏が言うように、たとえ「羅生門」「こころ」「舞姫」を教材として『エゴイズムはいけません』といういかにも道徳的なメッセージを教えることができる」としても（そもそも、エゴイズムを否定することが「道徳的」なのかどうかは議論の余地がありそうだが、ここでは深追いしない）、少なくとも表面的には編者や教科書会社がそれをあからさまにしたことはないのである。

それでは、彼らは「エゴイズム否定による道徳的教育」という教材選定の真意を隠し、「指導資料」とは別の何らかの形（そのようなものがあるのか不明だが）で、教員をそこに誘導しようとしているのであろうか。私には到底そうは思えない。

前にも書いたように、教科書の教材選定の絶対的な指針は学習指導要領である。名称の違いこそあれ、戦前も戦後もそれは変わらない。要するに、従うべきは「お上のご意向」ということだ。なにしろ検定制度があり、発行の生殺与奪権を握られているのだから。教科書には編者の教育観や教育哲学が反映されるものの、それはあくまでも学習指導要領に反しないことが大前提である。

戦前の日本では、一九一一年の「中学校教授要目改正」に国語講読教材の条件として「健全なる思想を述べ、道義的観念を涵養するもの」であることが明記されたから、編者は道徳的な内容の小説を選ぶ、ないしは非道徳的な小説を除外する義務を負った。「羅生門」「こころ」「舞姫」が戦前の教科書に一度も採録されなかったのは、すべてが「非道徳的」と烙印を押されたからではなさそうだが（第二章から第四章参照）、積極的に「道義的観念を涵養するもの」と評価されなかったのも事実であろう。

一方、戦後の学習指導要領で「道徳要項」は外された。そして一九五六年実施の学習指導要領の改訂によって、国語科の目標として「言語文化を広く深く理解できるように、読解力を豊かにし、特に鑑賞力や批判力を伸長させる」が掲げられ、その結果として五七年より「羅生門」「こころ」「舞姫」は教科書デビューを果たした。

もちろん戦後の教科書（国語に限らず）も、非道徳的・反社会的教材を扱ってはいけないのは当たり前のことだ。だから暴力・セックス・禁止薬物などの描写がある作品はご法度なのである。また、初等・中等教育の場で使われる教科書が「人間性を豊かにする」ものである以上、広い意味で教材に道徳性が求められるのも当然だろう。ただしそれは、教材に「道徳的な教訓」が含まれていなければならないことを意味しない。

誰も教えていない「道徳」

思うに、「羅生門」「こころ」「舞姫」によって、「エゴイズムはいけません」なる「道徳的なメッセージを教えることができる」というのは極端な裏読みであって、芥川も漱石も鷗外も「道徳的教訓」など意識してこれらの小説を書いたはずがない。また前述のように編者・教科書会社もエゴイズムを否定してはいない。では教員はどうか。実際に教科書を使っている彼らは、「エゴイズムはいけません」と生徒に教えているのだろうか。

答えは否《いな》である。二十五人の現役教員に、「羅生門」「こころ」「舞姫」のどれか一つでも、今までに「エゴイズム否定」という道徳的メッセージを教えるための教材としたことがあるかと尋ねたところ、全員が一度もないと明言した。さらに、上司・同僚・部下からもそういう話は聞いたことがないし、学校内外の研究授業でも見たことがないとのことであった。二人の教員の言葉を紹介しよう。

「生徒によっては、『羅生門』の下人の老婆の服を剝ぐ行為は犯罪だとか、『こころ』の先生の友人を裏切る行為は許せないといった意見はありますよ。でもそれは彼らの自然な考えであって、私が誘導したわけじゃありません。誘導する気もありませんしね。」

（教歴六年、公立高校教員）

「私自身、エゴイズムを否定することが道徳的だとは思えないんですよ。エゴのない人間なんていないでしょ。でも道徳的な人はたくさんいますよね。むしろ『こころ』や『舞姫』からは、人間は善悪を超えて、エゴイズムから逃れられないことを教えることにしています。」

（教歴二十年、公立高校教員）

おそらく彼らの言葉が真実を語っていると思う。一九五七年以来、半世紀以上に亘って数千万人の日本の高校生が「羅生門」「こころ」「舞姫」を学んできた。しかし、彼らの中に「エゴイズムはいけません」と先生から「道徳的メッセージ」を教わった者は極めてまれだったのである。だから「定番教材」の「定番教材」たるゆえんはここにはない。

生き残りの罪障感

「羅生門」「こころ」「舞姫」の教科書採録と定番化に関する第二の説は、野中潤氏による。野中氏は教科書の定番教材研究のパイオニアで、二つの論文「定番教材の誕生『こころ』『舞姫』『羅生門』」（筑摩書房の教科書サイト「ちくまの教科書」、以下「定番教材の誕生」）と「敗戦後文学としての『こころ』教科書と漱石」（『現代文学史研究』第二集、二〇〇四年、以下「敗戦後文学としての『こころ』」）は、本書執筆の動機付けにもなった先駆的業績である。

「定番教材の誕生」において、野中氏は「3つの定番教材に共通しているモチーフとして、『死者の犠牲を足場にして生きることでイノセント（無垢性）が損なわれ、汚れを抱え込んでしまった生者の罪障感』という問題を抽出することができます」として、具体的に個々の作品を分析した。

「こころ」における死者とはもちろん、第一義的にはKのことです。Kが死ぬことによって先生のイノセントは致命的な傷を負います。

また「こころ」という小説を、先生の遺書を受け取った「私（青年）」が「『奥さん―と―共に生きること』」（小森陽一）を描いた物語だとすれば、先生の死を防ぐことができなかった青年が、「なぜ助けられなかったのか」という罪障感を抱えながら奥さんの人生を引き受けるという後日譚を想定することもできます。「K―先生―青年」という死者と生者の連鎖があるわけです。

「羅生門」の場合も、恋愛こそからみませんが、「女―老婆―下人」という死者と生者の連鎖を設定すれば、下人が死者からの収奪をおこない、死に近接した存在である老婆を死の側へと追いつめてしまっていることは明らかです。「死者の犠牲を足場にして生きることでイノセント（無垢性）が損なわれ、汚れを抱え込んでしまった生者の罪障感」というモチーフを読み取ることは可能でしょう。

「舞姫」に登場する死者といえば、太田豊太郎の母ということになりますが、「こころ」のKに相当する死者を探すとすれば、むしろエリスでしょう。エリスは〝死者〟ではありませんが、太田豊太郎は象徴的な意味合いにおいて〝エリス殺し〟をおこなったと考えることができるからです。

野中氏は、この「罪障感の問題」が読者に突きつけられるということではなく、「むしろ物語の力学としては、モチーフとしての罪障感を抑圧し、罪障感を抱えた生者を承認・肯定する方向に作用している」と考える。そして「死者が排除され、生き残った者が罪障感を抱えながら愛の可能性を模索するという構図」は、現代の村上春樹「ノルウェイの森」や片山恭一「世界の中心で、愛を叫ぶ」にも見られるとした。

いずれの小説においても、死者ないしは死者に相当する人物を踏み台にすることで、生者のイノセント（無垢性）が損なわれています。そのことで生者は、ある種の罪障感ないしは汚れを抱え込むことになります。そして物語の基本線は、罪障感を抱え込んでいる生者に対して、何らかの許しや癒しを与える方向に進んでいきます。

戦争のトラウマ

それでは「生者の罪障感」を共通項とした「羅生門」「こころ」「舞姫」は、なぜ一九五七年の段階で高校の国語教科書に採録されたのか。野中氏は、この三作が戦前は全く選定されず、戦争を挟んで戦後一斉に教科書に載ったことに着目する。

『こころ』という小説を聖典に祭り上げていく最初の導因になったのは、教科書編纂者および国語教師が抱える敗戦後の罪障感ではなかったか、ということが、ここまで論じてきたことから導き出されたわたしの仮説である。受容史という観点を導入すれば、『こころ』はまさしく敗戦後文学としての相貌を持っているのだ。

（「敗戦後文学としての『こころ』」）

ここでは「こころ」だけが取り上げられているが、「羅生門」「舞姫」もこの仮説に含まれることは明白である。すなわち、野中氏は戦争を体験して自ら「敗戦後の罪障感」

を抱えた教科書編纂者が、「生者の罪障感」をモチーフとした「羅生門」「こころ」「舞姫」の三作を採録し、同じ思いを共有した国語教師の支持の下で定番化の道を歩んだと考えたのである。

野中氏の言葉を借りれば、定番教材には「戦争という大きな災禍を生き延びた者が抱えこんでしまった〝サバイバーズ・ギルト〟（生存者の罪悪感）という問題」が横たわっているという。戦後の日本人の精神のありようにまで踏み込んだ、誠にスケールの大きな仮説と言えよう。

老婆の反省

野中氏の仮説に対して、まず考察しなければならないのは、「羅生門」「こころ」「舞姫」は本当に「生者の罪障感」をモチーフとしていて、「物語の基本線は、罪障感を抱え込んでいる生者に対して、何らかの許しや癒しを与える方向」へと進んでいるのかという問題である。芥川・漱石・鷗外は、このような意図の下に小説を執筆したのであろうか。「羅生門」から見ていこう。

「羅生門」において、「死者の犠牲を足場にして生きることでイノセント（無垢性）が損なわれ、汚れを抱え込んでしまった生者」は第一に老婆のことになる。死人の女の髪の毛を抜いた老婆は、下人に何をしていたか問われ、次のように答える。

なるほどな、死人《しびと》の髪の毛を抜くということは、なんぼう悪いことかもしれぬ。じゃが、ここにいる死人どもは、皆、そのくらいなことを、されてもいい人間ばかりだぞよ。現在、わしが今、髪を抜いた女などはな、蛇を四寸ばかりずつに切って干したのを、干し魚だと言うて、太刀帯《たてわき》の陣へ売りに往《い》んだわ。疫病《えやみ》にかかって死ななんだら、今でも売りに往んでいたことであろ。それもよ、この女の売る干し魚は、味がよいと言うて、太刀帯どもが、欠かさず菜料《さいりょう》に買っていたそうな。わしは、この女のしたことが悪いとは思うていぬ。せねば、飢え死にをするのじゃて、仕方がなくしたことであろ。されば、今また、わしのしていたことも悪いこととは思わぬぞよ。これとてもやはりせねば、飢え死にをするじゃて、仕方がなくすることじゃわいの。じゃて、その仕方がないことを、よく知っていたこの女は、大方わしのすることも大目に見てくれるであろ。

この文章からは、老婆に自己の行動に対する自責の念や償いの感情、すなわち罪障感があったとは全く読みとれない。あるのは自己弁護と言い逃れだけである。そして下人に衣服を奪われた後の老婆の描写はこうなっている。

しばらく、死んだように倒れていた老婆が、死骸の中から、その裸の体を起こしたのは、それから間もなくのことである。老婆は、つぶやくような、うめくような声を立てながら、まだ燃えている火の光を頼りに、はしごの口まで、はっていった。そうして、そこから、短い白髪を逆さまにして、門の下をのぞき込んだ。外には、ただ、黒洞々《こくとうとう》たる夜があるばかりである。

ここでの老婆の感情については色々な解釈が可能であろう。けれども、そこに「生者の罪障感」を感じ取るのは無理があると思う。

下人の行方

それでは下人はどうか。まず指摘しなければならないのは、老婆は最後まで生きているので、下人は「死者の犠牲を足場」にはしていないことである。これについて、野中氏は死者に準じる者として「死者に相当する人物」を加え（前記文章参照）、「下人が死者からの収奪をおこない、（ここに読点があると「下人が」収奪したように誤読されるおそれがあるが、収奪したのは老婆である―筆者注）死に近接した存在である老婆を死の側へと追いつめてしまっていることは明らか」としている。

ただ先の芥川の文章から、老婆が死の側に追いつめられたとは私には感じられない。むしろ「死んだように倒れていた老婆」が死骸の中から起き上がり、身ぐるみ剝がれた状態にもかかわらず火の光を頼りに這って行き、「短い白髪を逆さまにして、門の下をのぞき込」む描写は、彼女がしぶとく生き抜く姿さえ予感させる。

もっともこれは解釈の違いでもあるので、ここでは老婆が「死者に相当する人物」だとして話を進めよう。彼女を「死の側へと追いつめてしまっている」下人には、罪障感があったのだろうか。下人が罪障感を抱いたとしたら、当然老婆の着物をはぎ取った後なので、その部分を引用する。

下人は、素早く、老婆の着物をはぎ取った。それから、足にしがみつこうとする老婆を、手荒く死骸の上へ蹴倒《けたお》した。はしごの口までは、わずかに五歩を数えるばかりである。下人は、はぎ取った檜皮色《ひわだいろ》の着物をわきに抱えて、瞬く間に急なはしごを夜の底へ駆け下りた。

言うまでもなく、「罪障感」のかけらもない描写である。そして「羅生門」の有名なラストである。

下人の行方は、誰も知らない。

実は、この最後の一文は芥川が最初に世の中に発表したものではない。一九一五年に「羅生門」が初めて雑誌『帝国文学』に掲載された時、文末は「下人は、既に、雨を冒して、京都の町へ強盗を働きに急ぎつゝあつた。」となっていた。

その後、一七年に単行本『羅生門』に収録された際に、「下人は、既に、雨を冒して、京都の町へ強盗を働きに急いでゐた。」と末尾が修正され、さらに一八年に単行本『鼻』へ再収録の折に、「下人の行方は、誰も知らない。」と現在の形になったのである。

そして芥川は『羅生門』の改版を出版する際、新潮社の編集者中根駒十郎に「校正は『鼻』による事その他はよろしく願ひます」と書き送り（大正八年三月七日付書簡）、「羅生門」の文末を「下人の行方は、誰も知らない。」とする意思を明示した。以後、今日まで「羅生門」の末尾は「下人の行方は、誰も知らない。」でほぼ統一され、特に教科書はすべてこれになっている。

天才の推敲

芥川はなぜ初出雑誌・単行本の表現を変えたのか。現在の文末の意図するところは何か。様々な見解があるが、それを論じるのは本書の役割ではない。ここで強調したいのは、芥川が初出雑誌『帝国文学』、初出単行本『羅生門』で「強盗を働きに」と下人の行方を明示していたことである。

芥川は文壇デビュー作の「鼻」から最晩年の作品まで、印刷所に入稿する完成原稿でもなお推敲を重ね、一字一句に至るまで実に細かく修正した。その神経の使い方は尋常なものではなく、あの天才作家にして、ここまで心血を注いで文章を磨くのかと感動を覚えるほどである。

「羅生門」の完成原稿は未発見だが、他の作品同様、いや出版の経緯（編集者の好意でようやく活字となった）からしてそれ以上に、芥川が冒頭の文から文末まで細心の心遣いで書き上げたことは想像に難《かた》くない。そこに「強盗を働きに」と書かれたことの意味は大変重いと思う。さらに処女小説集においても、末尾を少し直した程度で文末の表現は維持されたのだ。

ということは、芥川は少なくとも当初、悪を肯定する人間として（追剝の後に強盗までしようとするのだから）下人を描く意図を持っていたことになる。「罪障感」とはほど遠い人物設定である。後の「下人の行方は、誰も知らない。」では、下人の行動を予測できる「強盗を働きに」は削除されたので、下人が自責の念に駆られ、贖罪《しょくざい》の感情が芽生えるという筋書きも可能であろう。ただそれも単なる推測の一つにすぎない。

このように、「羅生門」の主題を「生者の罪障感」とする根拠はあまりに希薄と言わざるを得ない。さらに言えば、野中氏が唱えるところの、物語が「罪障感を抱えた生者を承認・肯定する方向に作用している」とか、「罪障感を抱え込んでいる生者に対して、何らかの許しや癒しを与える方向に進んで」いるとは、「羅生門」に関しては到底思えないのである。

一人きりの墓参

次に「こころ」の場合はどうか。野中氏は罪障感を抱く人物として「先生」と共に「私」の可能性を挙げているが、「私」が「『なぜ助けられなかったのか』という罪障感を抱えながら奥さんの人生を引き受けるという後日譚」（確かに「続こころ」があれば、有り得そうな設定だ）はあくまでも一つの想定なので、ここでは考えないことにする。「羅生門」の老婆と下人に比べ、「こころ」の「先生」は明らかに罪障感を抱えて人生の残りの時間を過ごしている。愛と友情の板挟みの中で前者を選択し、結果として友人を死に追いやった「先生」は、自らを責め続け世捨て人のような生活を送った。「しかし君、恋は罪悪ですよ。解っていますか」と「私」につぶやいた「先生」は、過去の罪が未来の運命にも影響することを悟っていた。

先生の宅《うち》は夫婦と下女だけであった。行くたびに大抵はひそりとしていた。高い笑い声などの聞こえる試しはまるでなかった。或る時は宅の中にいるものは先生と私だけのような気がした。

「子供でもあると好《い》いんですがね」と奥さんは私の方を向いていった。私は「そうですな」と答えた。しかし私の心には何の同情も起らなかった。子供を持った事のないその時の私は、子供をただ蒼蠅《うるさ》いもののように考えていた。

「一人貰ってやろうか」と先生がいった。

「貰《もらい》ッ子じゃ、ねえあなた」と奥さんはまた私の方を向いた。

「子供はいつまで経ったってできっこないよ」と先生がいった。

奥さんは黙っていた。「なぜです」と私が代りに聞いた時先生は「天罰だからさ」といって高く笑った。


またどんなに墓参りをしても、何の償いにもならないことはわかっていたけれども、「先生」には他に取るべき方法がなかった。「私はあなたに話す事のできないある理由があって、他《ひと》といっしょにあすこへ墓参りには行きたくないのです。自分の妻《さい》さえまだ伴《つ》れて行った事がないのです」と語る「先生」の真意は、墓参の秘密の露見を恐れるよりも、一人静かに友人の墓前に額《ぬか》ずきたいということだったのであろう。エゴイズムと倫理観の衝突、そして罪と贖罪の問題が「こころ」のモチーフであることに異論はあるまい。

「許し」はあったか

では致命的な罪障感を抱え込んだ「先生」に対して、「こころ」という小説は「承認・肯定する方向に作用している」のであろうか。また「何らかの許しや癒しを与える方向に進んで」いるのであろうか。これについて野中氏は次のように説く。

「友情と恋愛の葛藤」を追体験しながら教科書を読む高校生は、終生ぬぐうことのできない罪障感を抱えたまま苦悩の中を生き続ける「先生」を許容し、免罪する可能性が高い。『こころ』をラブロマンスとして読むような、「卑近なもの」に関心を寄せる教科書の読者にとっては、苦悩とともにお嬢さんを手に入れた「先生」は、その生を肯定されるべき主人公であるからだ。（「敗戦後文学としての『こころ』」）

「先生」はもう十分苦しんだのだから、しかも最後は自らの命まで絶ったのだから、もう許してやってもよいのではないか。なるほど読者が、とりわけ若い高校生が「許し」

を与えることはあるのかもしれない。読み手がそのような感想を抱くことの意味は小さくないと思う。

だが、「先生」に対する「許しや癒し」が著者漱石の構想だったのかどうかはやはり疑問が残る。「こころ」にそういう印象を抱くための本文上の根拠が、私には見つからない。また、仮に今度は「私」が「先生」を救えなかった罪障感に苦しむことが想定されるとすれば、それは単なる「生者の罪障感」の連環であり、そこに癒しの要素は見いだせない気がする。

最後に「舞姫」については、「生者の罪障感」を持つべき人間は主人公太田豊太郎に限定される。エリスは死んでいないけれども、小説の表現を借りれば「生ける屍《しかばね》」となったのだから、まさに「死者に相当する人物」だ。そしてエリスを「狂女」としたのは、まぎれもなく豊太郎であった。「舞姫」は帰国途上の彼の独白から始まる。

世の常ならば生面《せいめん》の客にさへ交《まじわり》を結びて、旅の憂さを慰め合ふが航海の習なるに、微恙《びよう》にことよせて房の内にのみこもりて、同行の人々にも物言ふことの少きは、人知らぬ恨に頭《かしら》のみ悩ましたればなり。この恨は初め一抹の雲の如く我が心をかすめて、瑞西《スイス》の山色をも見せず、伊太利《イタリア》の古蹟にも心を留めさせず、中頃は世をいとひ、身をはかなみて、腸《はらわた》日ごとに九回すともいふべき惨痛を我に負はせ、今は心の奥に凝り固まりて、一点の翳とのみなりたれど、文読《ふみよ》むごとに、物見るごとに、鏡に映る影、声に応ずる響きの如く、限なき懐旧の情を呼び起こして、幾度となく我が心を苦しむ。ああ、いかにしてかこの恨を銷《しょう》せん。

ここに見る「人知らぬ恨」が豊太郎の悔恨の情であることは言うまでもない。そして「舞姫」は以下の文章で終わっている。

ああ、相沢謙吉がごとき良友は世にまた得難かるべし。されど我脳裡に一点の彼を憎む心今日までも残れりけり。

相沢謙吉は豊太郎の名誉と栄達への道を回復させた恩人とも呼ぶべき人物である。その彼を「憎む心今日までも残れりけり」とは、表層的には相沢がエリスとの仲を断ち切ったことへの恨みを意味するが、深層に国家や家のために自我を封殺することを余儀なくされたことへの後悔や、エリスを裏切ったことへの自責の念があったことは間違いなかろう。したがって、自我の覚醒と挫折を主題とした「舞姫」において、全編に亘り「生者の罪障感」がモチーフの一翼を担っていたことは確かである。また、それが鷗外自身の罪障感でもあることを、私たちはよく承知している。

ただ「こころ」の「先生」と同様に、豊太郎も「舞姫」の中で「何らかの許しや癒しを与え」られる方向に進んでいるとはどうしても思えない。「舞姫」からは、「生き残った者が罪障感を抱えながら愛の可能性を模索するという構図」などいささかも読み取れないのではないか。それでも「こころ」には、読み手のうちに「許し」の感情を醸成する可能性はあったが、「舞姫」にはそれすらない。第六章で言及するが、「舞姫」の太田豊太郎が読者（特に高校生）に与えるのは、ほとんど嫌悪感や拒否反応のみである。

編者の自省

以上見てきたとおり、「羅生門」のモチーフを「生者の罪障感」とすることはできないし、「物語の基本線は、罪障感を抱え込んでいる生者に対して、何らかの許しや癒しを与える方向」に進むという説は、「羅生門」「こころ」「舞姫」のいずれについても無理があると思う。

野中説でむしろ私が同意できるのは、「羅生門」「こころ」「舞姫」を教科書に採録した編者たちの思想や心のありようの変化である。一九五〇年代、六〇年代の教科書編纂を担ったのは、主に戦前から国語教育に携わり、または教科書を編んでいた人々であった。

例えば国立国語研究所の初代所長でもある西尾実は、第三章で触れたように戦前は岩波書店の「国語」を編集したが、漱石の作品を全学年で選定したにもかかわらず、岩波の虎の子とも言うべき「こころ」は採らなかった。その彼が、一九六四年に筑摩書房の「現代国語2」で初めて「こころ」の「下　先生と遺書」を採録しているのは、誠に象徴的な出来事と言えよう。

野中氏が言うように、「教科書編纂者のどのような心理が『こころ』の採録をうながしたのかを、実証的に明らかにすることはきわめて困難」(「敗戦後文学としての『こころ』」)であろう。だがその心理が「敗戦後の罪障感」だったのかは不明なるも、戦争により深い心の傷を負った編者たちは、新しい時代が求める生徒の鑑賞力や批判力を伸長させる教材として、戦前にはどの教科書にも載らなかった人間の本質に肉薄した小説を採った。
編者が戦争体験を踏まえて自省のうちに選んだ作品、まぎれもなくそれこそが、日本近代文学の最重要テーマであったエゴイズムを主題とする小説、「羅生門」「こころ」「舞姫」だったのだ。

「うしろめたさ」の説得力

残された問題は、一九五〇年代後半に教科書に登場した「羅生門」「こころ」「舞姫」が、なぜ一九八〇年代から定番小説としての足場を固め、二十一世紀になって独占的な地位を占めるようになったかである。この時代には教科書の編者も代替わりしているから、戦争体験のトラウマは定番化とは無関係のはずだ。これについて、野中氏は戦後の日本人が連綿と抱き続ける「ぼんやりとしたうしろめたさ」を定番教材誕生の理由とする。

高度成長期からバブル崩壊後の今日に至るまで定番教材が読み継がれている事実は、〝生き残りの罪障感〟という問題が敗戦後の日本人にいかに深く影を落としているかを考えさせます。

たとえばそれは、闘争を貫徹することができずに長い髪を切り、〝産学共同体〟の一員としてバブル経済を支えた全共闘世代の人々の中にわだかまる〝罪障感〟のようなものにも通底しています。

あるいは、学生運動が終わった後に大学に入学し、たっぷりとモラトリアム期の愉楽に浸り、先行する世代が作り出してきた豊かな日本の恵みをたっぷりと謳歌してきた私のような〝新人類〟世代が、漠然と抱いている〝うしろめたさ〟の気分とも地続きと言えるはずです。

さまざまな欺瞞を重ねながらも経済大国としての繁栄を続けるこの国で、少なくともパソコンが使えるような豊かさの中に生きている私たちは、死者や弱者から収奪して生き延びていく「羅生門」の下人や、外国人の少女を妊娠させた上に彼女とその子の人生を投げ出して自己の栄達を求める「舞姫」の太田豊太郎の生き方を、まったくの他人事として片付けることができない場所にいます。

苛烈な戦場体験を経て戦後復興に関わった世代の〝生き残りの罪障感〟は、21世紀の日本を生きている私たちのあいだに瀰漫《びまん》する〝ぼんやりとしたうしろめたさ〟

の気分と地続きになっていて、それが定番教材を延命させている大きな要因になっているとは言えないでしょうか。

（「定番教材の誕生」）

野中氏の主張する「ぼんやりとしたうしろめたさ」が、本当に現代の日本人の間に弥《び》漫《まん》しているのか、正直に言ってよくわからない。野中氏は私と同世代の方のようだが、私も「学生運動が終わった後に大学に入学」はしたものの、「たっぷりとモラトリアム期の愉楽に浸り、先行する世代が作り出してきた豊かな日本の恵みをたっぷりと謳歌」してきたと思ったことは一度もなかった。だからそのことに漠然とすら「うしろめたさ」を感じたこともない。試みに高校・大学の友人に確認したが、誰ひとりそのような感情を抱いた者はいなかった。

そして、仮に「ぼんやりとしたうしろめたさ」が弥漫しているとしても、それが定番教材の成立理由だとするのは難しいと思う。一社や二社ではない、十指にならんとする教科書会社が一様に同一の教材を選定しているのだ。そこには「漠然としたうしろめたさ」などという曖昧なものではなく、確たる理由が存在するはずである。

元編集者は語る

推測や憶測ではなく、「羅生門」「こころ」「舞姫」に代表される小説の定番化の経緯が知りたい。そう願っていた私は、格好の生き証人と巡り会うことができた。一九七〇年代から九〇年代にかけて、X社で国語教科書の編集に携わっていたA氏である（ご本人の希望によりアルファベット表記とする）。A氏は一九七三年・一九八二年・一九九四年（それぞれ二年生用は翌年）実施の新課程の教科書制作に携わっていた。ちょうど定番小説の確立する前後の時期にあたり、A氏はそのあたりの事情をよく知っているわけだ。

私「Aさんが編集スタッフに入ったのはいつからですか。」

A「一九七三年の新課程の教科書からです。」

私「教科書制作の基本は当時から学習指導要領ですか。」

A「もちろんです。学習指導要領から外れた本は検定に合格しませんからね。最初はずいぶん窮屈なものだと思いましたよ。」

私「教材の選定について、会社から要望はありましたか。この小説を必ず入れてくれとか。」

Ａ「そんなことは一切ありません。聞いたこともありません。社内の雑談の中で、『こんな作品は教科書にどう』なんていうのはありましたけど。私が関係した教科書の編集で、教材選びに会社の意向が働いたことは一度もありませんでした。」

私「それでは、編集会議で純粋にすべての教材を決めたのですね。」

Ａ「そうです。」

Ａ氏は強い口調で断言した。

私「Ｘ社では七四年の新課程の教科書で『こころ』は採録されませんでした。候補にはなっていたのでしょうか。」

Ａ「最終候補に挙がっていました。編集委員の先生方の意見も割れましたが、別の作品が選ばれました。でもその時は、まだ今のように『こころ』が大きな存在ではなかったので、大きな決断をしたという意識は誰も持っていなかったはずです。」

私「なるほど。ではＡさんが『こころ』を意識し始めたのはいつからですか。」

A「七四年以降の教科書で採録する会社が急に増えた時からです。あれっ、みんな入ってるという感じでね。」

私「どうして、この時期に増えたのだと思いますか」

A「それは難しい質問ですが、やはり一番大きかったのは『学習指導要領』の記述だと思います。」

私「というのは。」

A「一九七〇年改訂の学習指導要領では、『現代国語』の指導事項の『読むこと』について、確か『主題を理解し、それについて自分の考えを持つこと』といった内容の指示がトップに出てきました。その前の指導要領では後の方に記載されていたものです。それがトップなんだから、各社の編集会議では当然この記述を意識した教材選びがされたはずです。X社もそうでした。」

これは私がこれまで気がつかなかった指摘だった。なるほど、ここでもポイントは学習指導要領だったのか。

既定路線の教材変更

私「それが『こころ』の採録の追い風になったということですね。」

A「そうです。ご存知の通り、主題が極めて明確な小説ですからね。『羅生門』も同じでしょう。芥川にせよ漱石にせよ、高校生向きで、主題がはっきりしていて、教科書にふさわしい小説はそんなに多くないんですよ。芥川ならば『舞踏会』、漱石ならば『三四郎』と『それから』くらいしか浮かばないんです。」

私「X社は次の八三年の新課程の教科書で『こころ』を採録していますね。どういう経緯でそうなったのですか。」

A「実は既定路線だったんです。」

「既定路線」という予期せぬ言葉がふいに出てきたので私は驚いた。「既定路線」とはどういうことだろう。

私「既定路線とはなんですか。」

A「当時は教科書の部分改訂は三年に一度だったんですが、既にその段階で『こころ』にチェンジすることが検討されたんです。」
私「他社の掲載が増えたからですか。」
A「それよりも、やはり『こころ』の方が教科書に適しているのではないか、という声が編集会議で高まったからです。元々X社でも最終候補でしたから。もちろん、他社の採録状況もこの作品を後押しする材料ではありましたが。」
私「それでも途中で改訂しなかったわけは。」
A「部分的にでも教材を換えるのは結構大変なんですよ。検定は同じようにありますからねえ。特にX社は『こころ』の採録経験がないので、指導資料でもなんでも新しく作らないといけない。ならば新課程の教科書まで待とうということになりました。」
私「営業サイドから、早く『こころ』を入れてくれという要望はなかったのですか」
A「そういうことはありませんでした。」
私「八二年以降の教科書の編集会議では、『こころ』を選ぶことはすんなり決まったんですか。」
A「そうです。既定路線ですから。」

解決した疑問

ここで私は是非聞きたかった問題に触れた。

私「では『こころ』を選ぶ際に、編集会議で道徳教育は意識しましたか。」

A「道徳？」

A氏は怪訝《けげん》な顔をした。

A「道徳教育って何のことですか。」

私「『こころ』は『エゴイズムはいけません』という、いかにも道徳的なメッセージを教えることができる教材だという説があるんですが。」

一瞬きょとんとした顔をしたA氏は、すぐに大きな声で笑い出した。

Ａ「ありえません、ありえません。だって国語の教科書を作っているんですよ。そりゃ、道徳に反しちゃまずいというか検定に通らないでしょうけど、あなた、戦前の教科書ではないんだから。『こころ』に限らず、道徳的見地から教材を選んだことなんて一度もありませんよ。」

一笑に付された後で聞きづらかったが、私はもう一つの問題、つまり「生者の罪障感」と「ぼんやりとしたうしろめたさ」の問題について説明して意見を求めた。するとＡ氏は一転して真剣な表情になり、しばらく沈黙した後で話し始めた。

Ａ「戦争体験のある編集委員の先生もいましたから、何らかの罪障感はあったかもしれませんね。編集会議でそれが露《あら》わになった記憶はありませんが、教科書の教材を選ぶ時、その感情が反映しても不思議ではないと思います。ただ、どの作品がそれ、とわかることは難しいのではないですか。」

さらにＡ氏は言葉をつないだ。

Ａ「でも『ぼんやりとしたうしろめたさ』の方はどうでしょうかね。無意識のうちに影響を与えているかどうかまではわかりませんが、少なくともＸ社の『こころ』の採録に、そういったものの入り込む余地はなかったと思いますよ。」

私にとって十分すぎる回答であった。

生徒減と寡占化

私は次に一九九四年の新課程の教科書について尋ねた。

私「Ｘ社で八〇年代に選定された『こころ』は、その後九五年の教科書でも採られていますか。この時の編集会議では、別の小説に換える話は出なかったのでしょうか。」

Ａ「全く出ませんでした。ほとんど自動的に決まったと記憶しています。」

私「それは『こころ』の評価が定まったからですか。」

Ａ「というよりも、この時は教科書会社を取り巻く環境は一層厳しくなっていましたからね。換える余地はもはやありませんでした。」

「一層厳しく」とはどういうことだろうか。

私「どう厳しくなったのですか。」

Ａ「一つには少子化です。九〇年代半ばと言えば、高校生の数が一気に減り始めた時期です。十五年で四割減少すると言われていた。気が遠くなる数字です。ご存知のように教科書は採択の絶対数が確定しているから、どんなに各社が知恵を振り絞って制作しても、総発行部数が増えることはない。これは出版社にとって、教科書だけが持つ大きな欠点です。」

私「はい。」

Ａ「例えば、Ｊリーグができて、日本がワールドカップに出場するようになると、サッカー雑誌は猛烈な勢いで増えました。すぐ廃刊になったものもあるだろうけど、今でも多くの雑誌が残っている。それは、サッカー雑誌全体の購読者が飛躍的に増えたからです。しかし教科書はそういうことは絶対にない。高校の採択冊数は毎年ほぼ確定しているから、新規参入の会社があれば、必ず既存会社全体のシェアは現状以下になります。」

私「そうですね。」

A「だから、ただでさえ保守的な教材選定作業で、こんなに高校生の数が減る時期に新しい挑戦をすることは考えられませんでした。教科書の制作は時間も手間もかかる。それに途中で部分改定はあるけれど、新教科書は約十年使われます。こうした時代には、大胆な採録はどうしてもためらわれてしまいます。」

私「そうでしょうね。」

A「さらに改定のサイクルが三年から四、五年に変わったのも大きかったですね。」

「改訂のサイクル」にどういう関係があるのだろう。とっさにピンとこなかった。

私「というと。」

A「改定のサイクルが長くなると、教科書会社が宣伝により時間をかけられるようになります。そうなると、複数教科の教科書を発行している大手が有利です。」

私「マンパワーの問題ですね。」

A「はい。数字上は、五教科の教科書を作っている会社は、国語だけの会社の五倍の営業担当を使えることになります。そうなると一日一人が五校回れるとして、宣伝にかけられる日数が長いほど、訪問校の数に差が出るわけです。」

私「なるほど。」

A「しかもこの頃から生徒の学力差と使用教科書の関係が話題になり、大手ではレベル別に複数の教科書を作ることが一般的になりました。そうなると、ますます採択数に差が生じます。」

私「教科書会社の優勝劣敗がはっきりしてきたということですね。」

A「そうです。一九九〇年代後半からは、高校の国語教科書の世界から撤退したり、教科書事業そのものから手を引く会社が増えてきました。そんな中で、生き残りを模索する会社に定番教材を抜く勇気を求めても無理な話です。また勝ち組の会社がわざわざリスクを取ることもない。だから二〇〇〇年以降の教科書で、『羅生門』も『こころ』も『舞姫』も不動の定番教材になったんだと思います。」

「特オチ」の恐怖

私はここで、もう一つの是非聞きたい質問をした。

私「さきほど、大胆な採録はどうしてもためらわれるという話がありましたが、それは『こころ』を外したら、採択数が大幅に減ってしまうというおそれがあるということですね。」

A「そうです。」

私「実際にそういう事実があったのですか。」

A「聞いたことがありません。おそらくないでしょうね。あくまでも可能性の問題です。」

私「では高校の教員から、『こころ』が消えては困ると言われていたわけでもないのですね。」

A「もちろんです。だってそもそも消えていないんだから、そんなことを言う必要がないでしょ。」

私「なるほど。」

Ａ「ただ、もし高校の先生に『羅生門』が載っていませんね、とか『こころ』はどうしてやめたんですかと言われたら、そしてそれが採択に響いたら大変だという意識は、営業担当だけでなく編集担当の我々にもありました。防衛本能というか、新聞社が特オチ（一社だけあるニュースを報道できないこと）を嫌うのと同じ心理かもしれません。」

私「それは九〇年代以降ですか。」

Ａ「ええ、やはり少子化と業界の寡占化《かせん》が進んでからのことです。」

私「編集担当者として、無条件で定番教材が採録されることに抵抗感はありませんでしたか。」

Ａ「もちろんありました。でもある意味で達観もしていましたよ。それが限られたパイを争う教科書市場の宿命だから。」

Ａ氏は何を思い出したのか、自嘲気味に笑った。私には「宿命」という言葉が重く響いた。

「定番」の真の理由

Ａ氏が言う高校生の数の減少は、私も学校関係の仕事をしているので痛いほど認識している。特に一九九〇年代から二〇一〇年前後までの激減は記憶に新しい。それでは教科書会社の撤退の実態はどうだったか。一九九四年実施の新課程の高校国語教科書は発行しているのに、次の二〇〇三年実施の教科書を出さなかった出版社は以下の通りである。

①角川書店
②学校図書
③尚学図書
④日本書籍

Ａ氏の記憶に間違いはなかった。生徒数急減のこの時期に、四社が一気に高校の国語教科書の世界からの退場を余儀なくされていたのだ。さらに、最新二〇一三年の新課程の教科書では右文書院と旺文社も撤退し、高校の国語教科書を発行する出版社は九社まで淘汰された。もっとも中学校の国語教科書を出しているのは五社にすぎないから、今後もサバイバル戦争は続くのかもしれない。

以上の事実とA氏の実体験に基づいた証言から、「羅生門」「こころ」「舞姫」の極端なまでの定番化は、次の二段階を経て成立したものと考えられる。

ステップ①定番化確立期（一九七〇年代〜一九八〇年代）
　確立の背景——主題重視の学習指導要領の記述と適当な教材の不足

ステップ②定番化極限期（一九九〇年代〜二〇〇〇年代）
　極限の背景——少子化と「教科書会社の淘汰」への発行元の脅え

「現代国語」の名称が初めて用いられた一九六〇年改訂の学習指導要領では、指導内容の「読むこと」の冒頭に「目的に応じて、各種の書物を選んで読み、教養を高める態度を身につけること」とあった。あまりにも幅が広すぎる表現であり、教科書を制作する側からすれば、この文言で何か縛りをかけられることはなかったであろう。

しかし一九七〇年改訂の学習指導要領は、冒頭で「主題や要旨を的確にとらえ、それについて自分の考えを深めること」とした。これに近い文言は前の指導要領の三番目にもあったが、注目すべきはわざわざ頭に据えられたことである。教科書会社からすれば、国や行政からの重要なメッセージと伝わったに違いない。単なる「読み物」が高校の教科書に不適当なのは以前から変わらないが、教材の主題が明確で、それに対する高校生の考察が無理なく可能な小説が求められたわけだ。

ところが、教科書に欠かせない芥川・漱石・鷗外の小説で、その条件を充たすものは案外少ない。「羅生門」「こころ」「舞姫」を除けば、戦前からの長い教科書の歴史の中で生き残ってきた作品では、芥川の「舞踏会」、漱石の「それから」、鷗外の「高瀬舟」など数えるほどしかないし、新しい小説を見つけるのは困難である。

このような状況で定番化を確立した三作品を、さらに絶対的な存在にしたのが一九九〇年代以降の少子化と教科書会社の寡占化であった。固定されたパイを奪い合うしかない教科書販売の特殊性もあって、定番小説を外すという挑戦的な編集方針で教材を選定することは極めて困難な状況になったのである。それはA氏の言葉を借りれば教科書会社の防衛本能であり、営業担当者・編集担当者を含め、会社全体が採択数減少への脅えを抱いていたようだ。

「羅生門伝説」の成立

実は、それでも果敢にチャレンジした会社もあった。しかも相手は最強の定番小説「羅生門」である。第二章にも書いたが、一九九四年実施の新課程の教科書において、旺文社が「羅生門」から「蜜柑」と「舞踏会」、尚学図書が「羅生門」から「舞踏会」に教材を換えたのだ。

なぜ、この二社が「羅生門」に挑戦状を突きつけたのかは不明である。ただ採択率で中位だった尚学図書はともかくとして、下位の旺文社は教材の差別化によって低迷打開を図ったのかもしれない。それでは結果はどうだったか。旺文社を例に取ろう。

一九九三年　「高等学校国語1［三訂版］」（「羅生門」所収）　採択率2・1％
一九九四年　「新国語1」　　　　　　　（「蜜　柑」所収）　採択率1・1％

「高等学校国語1」（「舞踏会」所収）　採択率0・7％

旺文社は九四年の教科書を二種に増やし、両方とも「羅生門」を外して別々の小説を採録するという大胆な変更を行ったのである。結果は両方で前年の0・3ポイント減の採択率だから成功とは呼べない。ただ「羅生門」を換えたことが、採択数の激減を招いたわけではないのも数字から明らかだ。新課程の教科書は各社とも宣伝に時間と金をかけるから、明暗がくっきりと分かれることが多い。この年は大修館書店が二種から三種に増やしたのに、採択率を2・4ポイント落としている。

二〇〇三年の新課程の教科書で、旺文社は再び教科書を「高等学校国語総合」として一本化し、「羅生門」を復活させた。その本の採択率は1・5％だった。つまり「羅生門」の採録の有無に関わらず、旺文社の教科書は長期低落傾向にあったということである。そして「高等学校国語総合」を改訂することなく、国語教科書から撤退した。なお尚学図書は、元々「羅生門」が掲載されていない教科書を含め三種ともシェアを落としており、旺文社よりも早く教科書事業そのものから姿を消している。

ここで思い出されるのは、第一章で紹介した「うちの会社では以前、一度『羅生門』

を外したことがあったのですが、採択数が大幅に減ってしまい、それ以後は『羅生門』を換えるという選択は完全になくなりました」という若い編集者の言葉である（彼女の会社では、定番小説となった一九八〇年以降、「羅生門」が外されたことはなかった）。

今まで見てきたように、彼女の会社に限らず『羅生門』を外して採択数が大幅に減った」という事実はない。やはりそれは「都市伝説」であった。ただもしかしたら、一九九四年に旺文社と尚学図書が「羅生門」を換え、その後両者が高校国語教科書から消えたことによって、「『羅生門』を外すと危ない」という誤解が教科書会社に芽生え、「都市伝説」が検証されることなく、いつしかあたかも自社の過去の事実のように伝承されたのではないか。それだけ「羅生門」の威光は絶大だということだ。

ところで、私はインタビューの中でA氏に「教科書会社の今の編集担当者は、高校の教員が希望するから、定番小説は換えられないのだと語っています」と話した。それに対するA氏の返答が面白かった。

「高校の先生方に、教科書教材の希望アンケートを取ったことのある会社が存在するんでしょうか。定番教材を外さないでくれ、と言った先生がいるんでしょうか。どちらもないと思いますよ。すべて思い込みなんです。採択数減少へのおそれが、いつのまにか相手の気持ちを斟酌《しんしゃく》しているかのような方便を生んだ。そういうことです。」

かくして今も毎年、日本中の高校の教室で「羅生門」「こころ」「舞姫」が、「自らそれを望んでいる」とされる教員によって教え続けられているのである。

第六章　定番小説は教科書にふさわしいのか

「暗い」定番小説

ここまで「羅生門」「こころ」「舞姫」の教科書掲載の歴史、そして定番化への過程とその理由を見てきた。残された最後の課題は、「これらの小説を定番化することが適切なのか」ということである。極度の定番化により、「羅生門」も「こころ」も「舞姫」も今では「無審査」同然で教科書に採録され、誰も異議を唱えない。それは高校の国語教育の面から好ましい状況と言えるのであろうか。

「羅生門」「こころ」「舞姫」が日本近代文学史に残る作品であることは間違いないが、そのことと教科書の教材としての適格性は別問題である。この三作について、これまで作品の解釈や指導法への批判は数多くなされてきた。「こころ」については、抜粋部分の妥当性への疑問も指摘された。しかし、私がここで取り上げたいのはもっと根本的な問題、すなわち教科書に載せること自体の是非である。

なぜそんな問題提起をするのか。それは「羅生門」「こころ」（教科書掲載部分）「舞姫」のすべてが、「後味の悪い話、悲惨な結末の話」だからである。「羅生門」は老婆の着物を奪った下人が立ち去り、その「行方は、だれも知らない」。「こころ」の掲載部分は、Kが自殺した場面、多くは「先生」（文中では「私」）が「襖にほとばしっている血潮を始めて見た」ところで終わる。「舞姫」は太田豊太郎が妊娠させた少女を捨て、相沢謙吉の友情に感謝しつつも、「我脳裡に一点の彼を憎む心今日までも残れりけり」と悔恨の思いで結ばれている。どれも明るい未来はいささかも感じ取れない。

このように書くと、「それは単純かつ常識的な感想であり、もっと深く主題を掘り下げるべきだ」とか、「作者の作品に込めた真意は別にあるのだ」といった批判を浴びそうである。だが教科書を読むのは、そして教科書で学ぶのは、誰なのかを忘れてもらっては困る。それは文学研究者でも教養ある大人でもない。現代の高校生なのだ。

老婆は凍死した

「羅生門」について、しばしば教育現場では「下人はどこへ行ったのか、この小説の続きを書いてみよう」という課題が出される。ある教員が、個人名をカットした生徒の作文のコピーを見せてくれた（本書での引用分にはすべて教員を通して本人に了解を得ている。一部誤字・脱字・文がつながらない箇所は修正した。以下同じ）。

A君　「悪人となった下人は、首にした主人を殺しに向かった。そして逆に殺された。」

Bさん　「下人は町へ出ました。そして何度も泥棒をして、大金持ちになりました。」

くれぐれも、知人の在職する学校は小学校ではない。高校である。また決して底辺校でも教育困難校でもない。学力的には中堅の公立高校だ。そして、ここに挙げたのは「標準的な」文章である。ちなみに、友人曰《いわ》く「一番よかった作文」は以下のものだった。

C君　「下人は走りながら、やはり老婆に悪いことをしたと思った。そこで老婆におわびを言うために、もう一度羅生門に行った。しかし老婆はすでに凍死していた。下人は走って逃げた。下人の行方は、だれも知らない。」

三省堂「明解国語総合」の旧課程の「指導資料」③には、「羅生門」の「採録のねらい」について次のようにある。

社会の混乱の極限状態において、「盗み」という悪を生活のためには許容する、といった反倫理的内容を含むこの作品が、なぜこれほどまでに長い命を保ってきたのであろうか。(中略)

戦後のヒューマニズムの世界で、「人間性」が称揚される一方、「人間性」自体の否定である「羅生門」的世界は、世界でも、日本でも、消えることはなかった。戦争、リストラ、殺人、いじめ……。

「羅生門」を、若い、すべてを失った「下人」が根源的に生きる「意味」を見出そうとする物語として読みたい。「下人」とそれを取り巻く状況を丁寧に読み解いていけば、「いま・ここ」の物語として新しい豊かな貌《かお》を見せくれるはずである。

実は、「羅生門」を「人間性」という視点から教科書教材として扱うことを、三省堂はずっと前から行っていた。一九五八年に初めて三省堂が掲載した「高等学校新国語総合一」で、「羅生門」は「Ⅳ　人間性」という単元に置かれた。同じ単元に入ったのは太宰治の「走れメロス」と、オイレンベルク原作・森鷗外訳の「塔の上の鶏」である。そして教科書末尾の〔研究〕には、

3　作者は、この作品によって、けっきょく何を言おうとしているのだろうか。
4　この作品に現われている人間観を、「走れメロス」のそれと比較して話し合ってみよう。

とある。

半世紀前の教室でどういう話し合いが行われたかは知る由もないが、「羅生門」が二十一世紀の教室で、「『下人』が根源的に生きる『意味』を見出そうとする物語として」読まれていないことは、先の生徒の作文から明瞭だ。どんなに高邁な「採録のねらい」を掲げても、それが教育現場に反映されなければ絵に描いた餅である。

高校生の率直な感想

次は私立進学校の女子生徒による「こころ」の読後感想文である。

先生はひきょう者だと思う。どんなに反省しても、死んだ人はもどらない。それなのに、いつまでも過去のことをひきずって、生きている。結婚相手のお嬢さん、今は奥さんだけれど、その人の気持ちを考えたことがあるのだろうか。Kにすまないと思っているのなら、Kも愛したお嬢さんを幸せにすることが、一番の罪ほろぼしだと私は思う。それなのに、他人の私にすべてを打ち明けて、お嬢さんには最後まで黙っていて、そして死んでしまうなんて、最低の人間だと思う。

「舞姫」の太田豊太郎が、高校生に「卑怯者」とか「最低の人間」と評価されがちなことは承知していたが、「こころ」の「先生」もこんな風に見られているとは。筑摩書房「精選現代文改訂版」の現行課程「学習指導の研究」には、「こころ」の「単元のねらい」について次のようにある。

もし、「こころ」に細密に描かれた暴走する心の様相の向こうに、教授者と学習者が、教室での丁寧な読みによって、個々の欲望の織りなす対立を超えた人間の相互理解の場、「愛」の世界を展望し確認できるならば、漱石の「こころ」に秘めたメッセージは伝わったわけであり、学習者の人生に向けての何よりの励ましであるだろう。小説は絵空事であるが、よく描かれた小説は、読んだ者の人生に決定的な影を落とす。「こころ」はそういう小説である。

残念ながら、どんなに教員が教室で「丁寧な読み」を心掛けても、生徒たちが「こころ」から「『愛』の世界を展望し確認できる」可能性は絶無に近い。生徒が「こころ」の教科書場面から感じ取れる、読み取れるものは「愛ゆえの悲劇」なのだ。だからこの「単元のねらい」は小説以上に絵空事にすぎない。

死のオンパレード

今回、複数の現役教員の協力を得て、「羅生門」「こころ」「舞姫」について、生徒の個人名を伏せた作文・感想文を数多く読んだ。その結果、三つの作品のどれを取っても、高校生に感動や人生への指針を与えていることを印象づける作文はほぼ皆無であった。しかもこれらの文章は、すべての授業が終わった後に書かれている。つまり、三つの小説を通して生徒の心に植えつけられたのは、悪人礼賛・人間不信・生理的嫌悪感といったネガティブなものばかりなのだ。

さらに生徒の文章を読んで気がついたことがある。彼らの多くが「羅生門」「こころ」「舞姫」から嗅《か》ぎ取った「死の臭い」に強烈な印象を抱いているということだ。「羅生門」は多くの死骸の中で展開されるストーリーである。「こころ」ではKが自殺し、「先生」もまた自ら命を絶つ。「舞姫」のエリスは「生ける屍」となってしまった。

もちろん生きとし生ける物に死は不可避であり、死を考えることが生きることの意味を悟るためにも大切なのはよくわかる。しかし、死をテーマにした定番教材は「羅生門」「こころ」「舞姫」だけではない。「山月記」は発狂して、人間としては死んだ（も同然の）男が虎になる話であり、「城の崎にて」は電車に跳ねられた男が目《ま》の当たりにする「はちの死骸」だの「首に魚ぐしを刺され、川でおぼれ死ぬねずみ」だの「主人公が何気なく投げた石に当たって死んだいもり」の話である。さらに、宮沢賢治は「永訣の朝」で死んだ妹を嘆いている。

いったい高校生が教室で、こんなにも「死の臭い」が漂う教材を読むことにどれだけの意義があるのだろう。

弁明する「指導資料」

数ある定番小説の中でも、最も問題にせざるを得ないのはやはり「舞姫」である。難解な文体をもって現代文の教材には不適だとする人もいるが、明治前半の文学を古文に入れる時代が来ない限り、「たけくらべ」や「五重塔」などと共に文体のみで排除することには賛成しない。時代背景が古すぎるとの批判も、同じく致命的なものとは思えない。

「舞姫」の教科書教材としての問題、それはひとえに内容の不適切なことによる。一読して主人公の言動に生理的嫌悪感を覚える多くの高校生、特に女子生徒にどんな「文学的な」説明をしても無駄である。近年「舞姫」の主題は自我の覚醒と挫折ではないという説もあるそうだが、「不潔な男」「卑怯な男」「エリスがかわいそう」という感情の前には、作品の主題の分析など無益だし、時代・国家・家の問題の解説も馬耳東風だ。

そして、実は教科書の編者もこのことをよく認識している。以下は、東京書籍「精選現代文」Ⅱ部の現行課程「指導書」に書かれた、「舞姫」の解説冒頭の「教材のねらい」からの抜粋である。

多くの割り切れなさを伴いながら、小説「舞姫」は、日本と異質の文化との間を往還した一人の近代日本人の内面を描いている。（中略）

教材化にあたっては、多くの難しさがあることも事実である。まず作者と作中人物をめぐるモデル問題やモチーフ・成立因にかかわる主題の問題として、モラルの問題が避けにくい。和文調・漢文調の混在する語句と文体の抵抗もある。（中略）

しかも透明単純な作品ではない。愉快な作品でもない。作中人物の行為は挫折したまま完全に過去に封じ込められており、やり直しがきかない。しかも回想者の筆致は時に言い訳がましく、作品が作品世界だけで完結していないような印象がある。

（後略）

この文章の後には、「それにもかかわらず」この「舞姫」という作品を選んだ理由が書かれている。しかし、最初にこれだけ長々と教科書の教材にすることの弱点に言及せざるを得ない作品を、どうしてわざわざ採録しなければならないのか。日本の近代小説の中に、鷗外の別の小説の中に、もっと弁解が不要な作品はないのか。

ある高校の男子生徒の感想文に、私の心に残ったものがあった。


「舞姫」ってどうして教科書に出ているんだろう。先生の話を聞いていると、このくらいの文章を読めなければ、古文も漢文も読めませんよっていう警告なのかな。それとも個人の意思より、国家の意思が優先された時代があるっていう、日本の歴史の確認なのかな。でもこれは国語の授業なんだけど。

授業中の発言でも、主人公がひどいやつだ、という意見ばかりだったけど、最後の文で、主人公はエリスとの仲を引き裂いた親友を恨む思いがあると書いている。これって「最後に愛は勝つべきだ！」という著者のメッセージみたいにも取れるんじゃないか。でも、それにしてはことばが弱すぎてよく伝わらないと思う。

なんだか読んだあとで、ももやしていてすっきりしない。自分が頭が悪いからなのか。もしかしたら、このすっきりしない感が「舞姫」が教科書に出ている理由なのか。ともかくよくわからない。なんだかむなしくなる。

読者には幼稚に感じられるかもしれないが、これだけ一所懸命「舞姫」に向き合おうとしている姿勢が見られる感想文はとても少ない。もし私が彼の先生だったら、「自分が頭が悪いからなのか」という箇所に赤線を引いて「これだけ分析できるのは頭が良い証拠です」と書き、「なんだかむなしくなる」という箇所にやはり赤線を引き、「それは○○君がまともな人間である証拠です」と書くだろう。若者は大いに悩むべし。しかし自己嫌悪に陥るような悩みを「教科書の教材が」与えるべきではない。絶対に。

パスされる「舞姫」

「舞姫」の授業展開に最も苦労しているのは、もちろん現場の教員たちである。定番で指導案も授業経験もあるから楽だ、などと考えている教員は、日本中探しても多分それほどいないであろう。「モラルの問題が避け」がたく、「透明単純な作品ではない。愉快な作品でもない」小説を学校教育の現場で扱うのだから。

そこで、頭を痛めた彼らが最終的に取る手段が、近年全国規模で増加していると聞いた。それは「『舞姫』を教えない」という究極の手段である。「舞姫」が出てくる高校三年生の授業は時間数も限られているし、年明けからは大学入試のために開店休業状態になる。したがって、教科書に掲載された小説（一般に四、五編）を間引くのは珍しいことではない。

例えば筑摩書房の「精選現代文改訂版」のⅡ部には、

①「藤野先生」（魯迅）
②「美神」（三島由紀夫）
③「舞姫」
④「押し絵と旅する男」（江戸川乱歩）

の四編が収録されているが、「舞姫」以外の三編を教えている教員が複数いた。なるほど私が高校の教員だったとしても、同様の選択をしていると思う。

「舞姫」を教える難しさについて、教科書会社も手をこまねいているわけではない。二〇一一年夏の明治書院の研修会では、同社の編集委員でもある宇佐美毅氏が「教室で『舞姫』を読むために」という講演を行っている。そこで「他のいろいろなテキスト群がある中で、あえて『舞姫』であるべきだというのはなぜでしょうか」という質問に、宇佐美氏は次のように答えた。

『舞姫』が最も難しくて、なおかつ複雑に絡み合ったテクストであるからだと思います。文体、時代、ジェンダーを何か1つだけ学ぶ作品ということであるなら、いくらでも、1つずつ学べると思うんですけれども、語りの問題も入れて4つの問題を1つの作品の中で絡み合った問題として考えられる作品であって、しかも難しいわけです。難しいからいけないのではなくて、難しいからこそ、難しさの理由を考えられる作品です。あんまりすんなり入ってきてしまったら、それについて違和感がないので気づきもない。そこからものを考えることも難しくなるわけです。その意味で難しく、なおかつ複雑に絡み合った問題というふうに考えたとき始めて、『舞姫』は優れた教材として見えてくるというのが私の考えです。

宇佐美氏の回答は説得力がある。もし教える相手が大学院で近代文学を研究する学生ならば。言うまでもなく、教育もまた「人を見て法を説く」ことが求められる。編集委員自らが「最も難しくて、なおかつ複雑に絡み合ったテクスト」と認める小説を、国語を含めた基礎学力の低下が長年叫ばれ、さらに「ゆとり教育」の被害を蒙った現代の高校生の大多数がどうして理解できようか。そんな教材を高校生に強いるのは、私に言わせればサディスティックで不誠実な選定だ。

減らない採択数

教科書会社の中には、そのことに多少気が付いているところもあるらしい。第四章で言及したように、現行課程の高校三年生用の教科書における鷗外の小説は多様化し、一般的にレベルの高い教科書に「舞姫」、そうでない方に他の小説が掲載されている。つまり学力による教材の差別化を図っているのである。また採択率第二位の第一学習社「高等学校改訂版標準教科書」は、鷗外作品自体を外している。

このこと自体の方向性は正しい。ただ、鷗外の小説を別々に二作採録した教科書会社の今年度（二〇一三年度）の採択冊数は次の通りである（時事通信社「内外教育」二〇一三年一月二十二日号より、百冊未満切り捨て）。

1「舞姫」掲載教科書

①右文書院　「現代文」（〇冊）
②教育出版　「新版現代文」（四七五〇〇冊）
③教育出版　「精選現代文改訂版」（六五〇〇冊）
④桐原書店　「探求現代文改訂版」（四三四〇〇冊）
⑤三省堂　「高等学校現代文改訂版」（五六九〇〇冊）
⑥大修館書店　「精選現代文改訂版」（六三八〇〇冊）
⑦大修館書店　「現代文２改訂版」（二四六〇〇冊）
⑧東京書籍　「精選現代文」（一一六〇〇〇冊）
⑨東京書籍　「現代文２」（二六七〇〇冊）
　合計　三八五四〇〇冊

２「舞姫」以外掲載教科書

①右文書院　「新選現代文」―「普請中」（〇冊）
②教育出版　「現代文改訂版」―「高瀬舟」（一九〇〇〇〇冊）

③桐原書店　「展開現代文改訂版」―「じいさんばあさん」（二五四〇〇冊）
④三省堂　「新編現代文改訂版」―「最後の一句」（四一三〇〇冊）
⑤大修館書店「新現代文改訂版」―「高瀬舟」（三五六〇〇冊）
⑥東京書籍　「新編現代文」―「最後の一句」（一一六〇〇〇冊）
　合計　二三七三〇〇冊

すなわち差別化を図っている教科書会社だけとっても、「舞姫」掲載教科書の方が1・5倍以上採択されているのだ。しかも第一学習社のように鷗外の小説は「舞姫」しか採っていない会社もあるから（「舞姫」所収の「高等学校改訂版現代文」は一六一五〇〇冊とシェア断然一位である）、やはり今でも日本の高校三年生の優に過半数が、「舞姫」掲載の教科書を持っていることになる（前述のように習っているのかは別だが）。

戦前の進学率一〇％以下の旧制中学校ですら一度も教材とされなかった「最も難しくて、なおかつ複雑に絡み合ったテクスト」たる「舞姫」が、進学率九七％を超えた現代日本の高校でいまだにこれだけ使われているのだ。なんとも皮肉な話ではないか。

鷗外の悲劇

そして「舞姫」のさらに深刻な問題は、これを高校時代に読んで「鷗外嫌い」になる若者（特に女性）が多いということである。いや若者だけでなく、一九八〇年代からの定番化を考えると、今の中高年にも結構いるのかもしれない。ある大学の文学部の教授によれば、鷗外研究者減少の理由の一端を「舞姫」が担っていることを、かなり以前から学生の言葉で感じるそうだ。

「羅生門」や「こころ」を読んで、芥川や漱石が嫌いになったという話はほとんど聞かない。「舞姫」だけにそれが起こるのは、言うまでもなくモデル問題による。最近は「舞姫」を授業で扱う際に、この小説が鷗外の留学体験を下敷きにしたものだということはあまり説明しないらしい。

ただ生徒の関心を引く一つの手段として、エリスのモデルは誰かについて、意図的にいろいろな説を紹介する教員はいるし、教科書の鷗外の解説に「軍医としてドイツに留学」などと書かれているから、太田豊太郎のモデルが作者自身であることは高校生も知っている。

エリスのモデルであり、鷗外を追って来日したエリーゼ・ヴィーゲルトが妊娠していた証拠は一切ないし、踊り子だった可能性も低い（鷗外の妹小金井喜美子はエリーゼ・ヴィーゲルトを「路頭の花」と微妙な表現をしている）。小説はあくまでもフィクションの世界である。だが鷗外を慕い、二か月以上かけてはるばる異国の地に来た女性がいたのはまぎれもない事実だ。鷗外が彼女を後年まで憎からず思っていたのも、彼の作品から推測できる。つまり太田豊太郎＝鷗外の素地は十分すぎるほどあるのである。

鷗外の文学を知ったうえで、それを好まないとか受け入れないのは一向に構わない。それは個人の自由だ。しかし高校時代に読んだたった一つの小説への印象が、多くの人に鷗外の人格に偏見を抱かせるとしたら、鷗外を読むことに拒絶感をもたらすとしたら、こんな悲劇はない。そしてそれは、文学の世界にとどまらず、近代日本の生んだ最高の知識人の一人である鷗外に対する冒瀆《ぼうとく》だと思う。

このように、「舞姫」の教科書採録は生徒に嫌悪感を与え、教員を悩ませ、教科書会社に難しい対応を迫り、そしてわが国の偉大なる先人を貶《おとし》めるもの以外の何物でもない。一刻も早く、高校の教科書から「舞姫」を退場させるべきだと心から思う。泉下の鷗外もその日を心待ちにしているであろう。

人格形成と国語教科書

二〇一三年実施の高校の学習指導要領では、「生徒に生きる力をはぐくむこと」を目指す基本目標が掲げられた。そして「国語」全体の目標は、「国語を適切に表現し的確に理解する能力を育成し、伝え合う力を高めるとともに、思考力や想像力を伸ばし、心情を豊かにし、言語感覚を磨き、言語文化に対する関心を深め、国語を尊重してその向上を図る態度を育てる」とされた。

これを受けて、「羅生門」が定番化している必修科目「国語総合」の教材は、「生活や人生について考えを深め、人間性を豊かにし、たくましく生きる意志を培うのに役立つこと」が留意事項となった。また「こころ」と「舞姫」が定番化している「現代文B」の目標には、「ものの見方、感じ方、考え方を深め、進んで読書することによって、国語の向上を図り人生を豊かにする態度を育てる」とある。

石原千秋氏は『国語教科書の思想』の中で、「国語はすべての教科の基礎となるような読解力を身に付ける教科だとか、豊かな感性を育む教科だとか、そんな風に考えている人がいるとしたら、それは『誤解』である」と述べているが、現学習指導要領は「そんな風に考えている」のだ。現学習指導要領が「国語」に求めているのが、言語能力

（読解力・表現力など）だけでなく、高校生の「人格形成」でもあることは、「人間性を豊かにし、たくましく生きる意志を培う」とか「人生を豊かにする」という文言から明らかである。

そして、もちろん学習指導要領は個人の意見ではない。学校教育法施行規則第八十四条には「高等学校の教育課程については、この章に定めるもののほか、教育課程の基準として文部科学大臣が別に公示する高等学校学習指導要領によるものとする」と明記されており、法的基準性（拘束力）を有することは最高裁判所でも認められた。

学習指導要領の目標など、非現実的な理想論だという批判があるのはよく承知している。しかしそれは、憲法・教育基本法・学校教育法に基づいた国の教育の指針である。学習指導要領の目標を軽視することは、学校教育の自殺行為だと言っても過言ではあるまい。高校や教員はこの指導要領に則った教育を行わなければならないし、教科書会社はこの目標に沿う教材を選定しなければならない。

実は、「国語」に心情を豊かにすることを求めるのは今に始まったことではなく、半世紀以上前の学習指導要領からずっと続いている。ここで引用した今回の改訂の文言は、すべて前回の改訂と同文なのだ。ゆえに学習指導要領に準拠する国語教科書は、この間ずっとこの目標に生徒を誘う教材によって構成されていなければならなかったはずだ。

それでは現実の教科書はどうだったのか。そこに君臨する定番小説はこの要求を充たしているのか。大きな疑問符が付くのは、ここまで見てきた通りである。定番小説が育むのは「進んで読書する」生徒ではない。むしろそれを読んで、小説嫌い、読書嫌いになる生徒の比率の方が高いに違いない。

もう一度言おう。「羅生門」も「こころ」も「舞姫」も名作だ。けれども私は教科書の教材として「舞姫」は失格だと思うし、「羅生門」と「こころ」も一人勝ちになるような優良教材とは考えられない。少なくとも、芥川と漱石の他の作品との選択肢が学校や教員にあってしかるべきだろう。

定番小説を超えて

定番小説の最大の問題点は、長期に亘り編集会議の議論を経ず、ノーチェックなまま教科書会社によって「自動的に」選定され、検定を合格してきたことにある。しかも近年は教科書全体の「定食化」によって、国語科の教員の採択の幅が極端に狭くなり、結果として採択冊数は会社の営業力で大勢が決している。

また既に指摘した通り、「こころ」も「高瀬舟」も「走れメロス」も「教材の低年齢化」が図られ現在に至っている。それが学習者の国語力と無関係なのは自明であり、もし教科書会社の営業戦略の一環だとしたら（一応、仮定表現とする）、非常に憂慮すべきことである。

今求められるのは、教科書会社が固定観念を抜きにして高校生の現実の国語力を直視し、彼らの人格形成も念頭に置いて、定番小説を含めた国語教材全般の見直しをすることだ。それには教科書を実際に使用する教員の本音を、憶測や忖度《そんたく》ではなく率直に聞く必要がある。本当に彼らは定番教材ばかりを希望しているのか。答えはすぐ出るに違いない。

私は決してすべての国語教材に心情を豊かにする要素を望んでいるわけではない。死をテーマにする話も重要だろうし、読後感の悪い話が「ものの見方・感じ方・考え方を深め」ることもあると思う。けれども、今の定番小説はどれもこれも「暗い」（例外は「富嶽百景」くらいか）。これでは生徒が教科書に啓発されて、別の小説を紐解《ひもと》くことなど期待できない。教科書にハッピーエンドや爽やかな読後感の小説はダメだと誰が決めたのだろう。そういうストーリーの小説があってもよいではないか。難しい顔をして読むものばかりが教科書教材ではないのだから。

日本ではこれまで、「教科書問題」と言えば「歴史」教科書問題のことで、国語教科書の教材が社会的な話題になることは少なかった。唯一記憶にあるのは、かつて中学校の教科書から「漱石・鷗外が消える」と騒ぎになり、その後「漱石・鷗外が復活へ」というニュースが流れたことである。今度は「漱石・鷗外が交換に」という話題が社会の関心を呼んでほしい。日本の若者の未来のために、そのことを心から願っている。

あとがき

本書執筆のきっかけは、昨年度、大学で将来小中高の教師を目指す学生に「国文学概論」(近代文学)を教えたことである。彼らは文学の研究者になるわけではないので、ありきたりな近代文学史の本は参考書として向かない。そこで高校一年から三年生までの某社の国語教科書を全員に持たせ、その中の作者と作品を特に意識して授業を展開した。

そこで講義の準備のために他の会社の教科書を見た私は非常に驚いた。一年生は「羅生門」、二年生は「こころ」と「山月記」、三年生は「舞姫」と、どの教科書もまるで金太郎飴のようではないか。それ以外も、小説は「城の崎にて」「富嶽百景」から村上春樹「鏡」まで、見事なくらい(あきれるくらい)似通っていた。

なぜこんなことになっているのか。知人の高校国語教員に電話すると、何を今さらという感じで笑われてしまった。「定番教材」なる耳慣れない言葉を聞いたのも、その時が初めてであった。彼によれば、もう何年も前から教科書の教材は定番化していて、小説ばかりか評論・詩歌もその傾向が強いとのこと。そして「じゃあ、教科書の採択はどこを見て決めるの」という質問に対する答えが衝撃的だった。「どこも見ない。大体順番かな。」

何かおかしい。教科書は教員の授業における最大の道具のはずだ。そんないい加減な採択の仕方が許されるはずがない。そう考えて、自分が採択するつもりで各社の旧課程の「国語総合」の教科書を詳細に見比べて愕然とした。どれを選んでも大差ない……それは二、三年生用の「現代文」も同じ印象であった。

いつから、どうして教科書はこんなに定食のようになってしまったのか。そこで思い出したのが、一九七〇年代後半、自分が高校で使った教科書に漱石の「それから」が載っていたことだった。ところが、現在の教科書には「それから」はどこにも見つからなかった。いつ「それから」は消えてしまったのだろう。

この疑問を解決してくれたのが、阿武泉氏監修の『読んでおきたい名著案内　教科書掲載作品13000』だった。それによれば、「それから」は一九九九年の尚学図書

「新選現代文改訂版」を最後に高校国語教科書から姿を消していた。なぜ教科書の教材は「こころ」に一極集中してしまったのか。これでは教員も、ひいては生徒も、漱石の小説に関して選択の余地がないではないか。これが芥川にも鷗外にも当てはまる現実であることを知るのに時間はかからなかった。

それと同時に、「羅生門」「こころ」「舞姫」の定番化が一九八〇年代に確立し、二十一世紀に入ってさらに極限化していることもわかった。この時期は社会の潮流と合わせて、学校教育の世界でも多様化が進んだ時代である。高校関連では単位制やサポート校が拡充し、修学旅行の行き先が選択性になった。また大学入試はＡＯ入試や自己推薦といった新しい制度ができ、一般入試もいわゆるアラカルト方式が定着した。

このような時代に逆行するかの如く、国語教科書の教材は定番化が進んでいた。その真相に迫ったのが、野中潤氏の「定番教材の誕生『こころ』『舞姫』『羅生門』」である。この論文とは、「羅生門、こころ、定番教材」でネット検索した結果といういかにも今風な出会い方をしたが、大いに触発され、本文中にも書いた通り本書執筆の動機付けとなった。

また戦前の旧制中等学校の教科書掲載作品を知る上では、橋本暢夫氏の『中等学校国語科教材史研究』に多大なる恩恵を被った。この本は調査のみならず分析も的確で、データ以外にも勉強になることがたくさんあった。「定番教材の誕生『こころ』『舞姫』『羅生門』」、『中等学校国語科教材史研究』、『読んでおきたい名著案内　教科書掲載作品13000』の三つのどれが欠けても、本書は存在しなかったかもしれない。野中・橋本・阿武の先達三氏に心より御礼申し上げたい。

ところで、もしかしたら本書をお読みになった方は、「それではあなただったらどのような小説を教科書に採録するのか」と聞きたいと思われたかもしれない。「羅生門」「こころ」「舞姫」を取り上げてきたので、芥川・漱石・鷗外の小説に的を絞ると、私はそれらに換わって「鼻」「それから（冒頭）」「高瀬舟」を選ぶ。そして「羅生門」と「こころ」については授業と課題で活用し、「舞姫」は用いない。本書をお読みいただければ、選定の理由はご理解いただけよう。

ただ私などよりも、教科書教材の選定にずっとふさわしい人々がいる。学校現場の教員たちだ。第一章に書いたように、「現代文」の授業を「捨てる」生徒相手に悪戦苦闘している彼らにこそ、自由な発想で教材を選んでもらいたい。

どんなに高邁な理想を「指導資料」に書いても、生徒に見向きもされなければ、また拭いがたい先入観を与えるのであれば、そんな教材に価値はない。真に現場が望む小説は何なのか。私も是非知りたいし、そういう教材に充ちた教科書ならば（もちろん学習指導要領に準拠しなければならないが）、生徒もきっと「現代文」の授業を捨てないであろう。もっと学校現場の声に耳を傾けた教科書が出現してもらいたいものだ。

最後に、これが新潮社の中村睦さんと作る四冊目の本になった。いつも変わらぬ励ましとアドバイスに心より御礼申し上げます。

二〇一三年五月

川島　幸希

川島幸希　1960(昭和35)年、東京に生まれる。学校法人秀明学園理事長、秀明大学学長。東京大学文学部卒業。著書に『英語教師　夏目漱石』『署名本の世界』『初版本講義』などがある。

Ⓢ新潮新書

534

国語《こくご》教科書《きょうかしょ》の闇《やみ》

著　者　川島幸希《かわしまこうき》

2013年８月20日　発行

発行者　佐　藤　隆　信

発行所　株式会社新潮社

〒162-8711　東京都新宿区矢来町71番地
編集部(03)3266-5430　読者係(03)3266-5111
http://www.shinchosha.co.jp

印刷所　株式会社光邦

製本所　憲専堂製本株式会社

ISBN978-4-10-610534-0　C0237

価格はカバーに表示してあります。

Ⓢ新潮新書